抱歉愛情，我的存款比心動更重要

去愛之前，先擁有自立的底氣

百萬暢銷作家
@Yang's OWL 老楊的貓頭鷹 著

高寶書版集團

如果你比同齡人更早開始，
大大方方談錢，清清白白賺錢，
你就已經領先他們了，
而且極有可能領先一輩子。
所以，
請置頂你賺錢的能力。

前言

逛街的時候看到了喜歡的衣服，你卻要裝作不經意地翻開吊牌上的價格；為了店家的百元回饋，違心地給了五星評價。

你越來越在意買得划不划算，而不是喜不喜歡。

明明許諾自己，說只再滑五分鐘手機就去好好努力，結果三個小時之後，你的努力反映在了你裝滿的購物車。

明明發過毒誓，說「要麼瘦，要麼死」，結果是收藏了很多減重的方法，你卻依然胖著過了小半生。

明明整天都是無所事事，覺得整個人生都灌滿了「無聊透頂」，你卻並未感到半分輕鬆，還常常失眠到天明。

明明心裡念的是：「一花一世界，一葉一菩提」，現實生活中你卻是：「一吃一大碗，一睡一整天」。

你的性格是懶，興趣是玩，特長是吃，技能是睡；而你的現狀是：窮得沒錢做壞事，餓得不知吃什麼，睏得就是睡不著。

你每天最大的生活感受是：「再這樣下去就完了」、「再這麼頹廢也不是辦法」；但你的計畫又每次都是驚人地相似：「等我有錢了」、「等我有時間了」。

你不甘墮落，卻又不思進取，每天只產生心理上的不斷自責，卻缺乏行動上的立即改變；你有的永遠是「臨淵羨魚」的本能，卻從來沒有「退而結網」的努力。

白天的時候，你兢兢業業地護膚，到晚上又孜孜不倦地熬夜；你只許自己以貌取人，卻瞧不起別人是「外貌協會」的。

你明明知道「長得好看可以得盡好處」，也明白這是一個看臉的世界，卻因為「護膚好花錢、化妝好麻煩、選衣服太耗時、瘦身好辛苦」，所以不願意付出任何努力，然後再抱怨社會太現實、指責人心太淺薄、數落別人重色輕友。

你內心的潛臺詞無非是：「老天啊，請你賜予我花不完的錢、帥得一塌糊塗的王子、能搞定一切問題的管家和一張沉魚落雁的臉吧！」我的建議是，每天晚上都早點睡吧，夢裡什麼都會有的！

等到回首往事時，那些追過女孩子的男人可以跟著那些懷舊電影無限唏噓，無比感傷地細數「那些年一起追過的女孩」；被人追過的女孩子也可以津津樂道，話說當年的自己是「多麼傻」和「天真可愛」。

唯有你，成了「那些年，一直都沒有人追的女孩」！

一個人要想過上體面的生活，辦法只有兩種：要麼變好看，要麼變有錢。至於你聽說的什麼「只要變得好看了，就會有很多人喜歡」、「只要有了錢，人就會活得容易一些」……我來告訴你吧，這些都是真的！

殘酷的是，就連「好看」也需要用錢來「砸」。完美身材的背後少不了往健身房裡砸錢，細膩肌膚的背後少不了往護膚品上砸錢，良好形象的背後少不了往服裝飾品上砸錢……成天要為五斗米煩悶擔憂的人，美得不安穩，活得也不自在。

試問一下，那些讓你不安、不滿的問題，是不是絕大多數都可以透過錢來解決？那些在生活中讓自己感到快樂、自豪的事物，又是不是大多數都與錢密切相關？

有錢你才能在年紀輕輕的時候就過上自己想要的生活，而不是等到七老八十了才頻頻回首，滿是遺憾；有錢才能擁有自己喜歡的東西，而不是在遇見了它時，發現錢包空空，只能尷尬地扭頭走掉。

有錢你才能在傷心難過的時候去最貴的餐廳大吃一頓，而不必對著菜單上的價格斤斤計較；有錢才能在分手後依舊住得起兩房一廳的房子，而不至於流落街頭、孤苦無依。

有錢才能在面對愛情時不會因為錢和誰在一起，也不會因為錢而離開誰；有錢才能讓自己追逐詩意和遠方時能住得起一間隔音效果好一點的飯店，選一個時間合理一些的航班。

有錢的意義並非是肆意揮霍，而是擁有更多的選擇。它能讓愛情更純粹一點，讓你離幸福更近一點。因為有錢，你毋須看他人臉色，取悅他人，委屈自己。

在孤立無援的時候，金錢可以為你助威，在面對威逼利誘的時候，金錢可以替你撐腰。我所謂的「有錢」，是希望你用清白的方式去接近夢想，用帶有辛苦味道的錢去過自己想要的生活，而不是在年紀輕輕的時候就想做一輩子的「啃老族」或者一心想嫁個有錢人。

換言之，二十幾歲，你的首要任務是脫貧，而不是脫單！

很多時候，「有錢」就像擁有一張ＶＩＰ卡，能將你的生活從「Hard」模式輕鬆地切換成「Easy」。

尤其是對那些在大城市裡打拚的人而言，金錢是你抵禦孤獨、落寞、失望的「黃金聖衣」。用一筆錢換一杯熱氣騰騰的咖啡，可以終結一整晚的孤枕難眠；用一筆錢換一套優雅大方的時裝，可以抵消一整月埋頭苦幹的疲憊；用一筆錢換一張去大堡礁的機票，可以擊潰大半年的百無聊賴……

金錢就像是包裹你內心世界的脂肪，它能幫你緩衝失敗的打擊、減少失望、降低傷害，一旦錢包癟了，就會迅速地感受到來自這個世界的的惡意；而一旦你變好看、變有錢了，就會真切地感受到社交的樂趣、感情的真摯，以及來自整個世界的善意！

所以，不要在該動腦子的時候動感情，不要在該脫貧的年紀把時間荒廢在脫單上。你要先謀生，再謀愛！

如果你的人生意義在賺錢中找不到，也不要指望在戀人身上或旅遊景點中找到。

生活不會因為你軟弱就對你法外施恩，職場不會因為你是女孩就對你憐香惜玉，夢想也不會因為你年輕就為你降低實現的門檻……

你想想，當你有著二十幾歲的臉，二十幾歲的身材，二十幾歲的心態，二十幾歲的肌膚，卻有著二十幾歲的人想都不敢想的事業和財富，這樣的你，誰還好意思催你結婚？這樣的你，又怎會在意誰來催婚？

如果再有人勸你：「簡單快樂地活著就夠了，別那麼累。」、「沒有男人喜歡女強人，不要太努力了，你不應該這麼累。」、「你不要天天把自己逼得這麼累，一點情調都沒有，否則找不到對象。」我希望你好好想想：「如果你不自立、不自強，又沒錢，誰能在你需要肩膀的時候給你一個依靠？如果沒眼界、沒實力，會不會因為別人給了你一顆小蜜棗，你就屁顛屁顛地跟人跑了？」

再說了，沒有錢，你拿什麼去呵護你的親情，支撐你的愛情，聯絡你的友情，靠嘴嗎？別鬧了，大家都很忙的！

目錄
contents

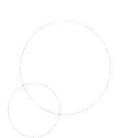

THEME 01

長得好看的，才能叫吃貨

01

韓小七一直自稱是「吃貨」。她的社群媒體就像是美食家開設的專欄，誰家的日本料理用料最新鮮，哪條街的藍山咖啡最正宗，她都會一五一十地記錄下來。

除了提供美食攻略，小七也有賣萌的時候。比如吃火鍋的時候，她就替照片配文字「我不是餓，只是舌頭太寂寞」；參加公司的晚宴，她的照片配圖文字是「人家不吃我吃，人家吃我跟著吃」；吃自助餐的時候，配圖文字又變成了「很高興今天沒餓著」。

對小七而言，開心的時候要吃好吃的慶祝一下，難過的時候要吃好吃的安慰一下，無聊的時候要吃好吃的消遣一下，憤怒的時候要吃好吃的發洩一下。

平時和誰碰面了，有人習慣性地問小七「吃了沒」，她就會一本正經地提醒對方：「不要問我『吃了沒』，而要直接問『吃飽了沒』。」有人笑話她，叫她「飯桶」，她則會打趣地糾正對方：「請叫我吃貨，飯桶是能吃，吃貨是會吃。」

小七絕對是屬於「會吃」的那一夥的，堪稱是「美食的風向儀」。她知道哪家飯店最好吃，也知道「炒鮮蝦之前用浸泡過桂皮的沸水沖燙一下」、「做牛肉的時候加一點啤酒」之類讓美味升級的方法，最沒天理的是，她是一個身材苗條的美女！

我調侃道：「你說你天天吃美食的，還那麼苗條好看，老天爺還講不講道理？」

她笑道：「我是天天吃美食的，可是我吃得少啊！」

我吃驚地問：「你們吃貨界的法則不是眼見為食嗎？」

她答道：「是啊，但沒有人要求你吃到撐著啊！淺嘗輒止就夠了，一個真正的吃貨，對食材和身材都一樣苛刻。」

原來真正的力量是克制，就像是能夠赤手空拳把一塊巧克力分成四塊，然後只吃掉其中的一塊！

別人在美食面前躍躍欲試，然後挑了幾樣嚐嚐鮮，就告誡自己馬上放下筷子，你在美食面前同樣是情不自禁，可就算吃飽了，你還能往嘴裡塞兩大口。那結果必然是別人晒著「刺眼」的小蠻腰，而你只能天天提著個「游泳圈」，像長在腰上的胎記一樣——消也消不掉，遮也遮不住！

別人知道早上空腹的時候來一杯蜂蜜檸檬水，晚上睡覺前認認真真地補個水、刷個牙，你則是前一秒說養生、瘦身，後一秒就吃到撐；明明是滿臉痘痘還熬夜追劇，累得滿眼金星了就「不要臉」地睡去；明明是滿嘴蛀牙卻偏偏嗜甜如命，撐到快爆了還不忘再來一份甜點！

於是，你的信仰在美食、玩樂、懶惰之外又增加了一個——美容產品的廣告商。因為他們天天都在嚷嚷：打一針就能馬上白得像紙片，晃一晃肚子就能瘦出小蠻腰，趴著做個白日夢就能美得六親不認！

我想提醒的是，如果你的皮膚是黯淡無光的，那麼再名貴的美白針、再高級的粉底也拯救不了你；如果你的肚皮一直都是一副「腐敗相」，那麼再有質感的衣服也挽救不了你；如果你的眼袋、痘痘每天都顯得「很富足」，那麼再濃的妝容也搶救不了你。

唯有日復一日的鍛鍊，唯有落實到細微處的自律，唯有克制對美食的口慾，才能有效地對抗來自時間的破壞力。否則的話，你會永遠面臨「貪吃還胖，懶惰還醜，有深情也會被辜負」的風險。

當然了，我也知道這很難，否則的話，滿街都是美女了！

很多人都以為自稱是「吃貨」會顯得自己可愛，其實並沒有這樣的效果。長得好看的，才能叫吃貨。

02

社群媒體上天天喊減重的一抓一大把，可真正減重成功的寥寥無幾。緹娜就是減重成功的典範人物——六個月的時間，體重從七十公斤減到了四十八公斤，而且看起來還很健康，氣色、狀態都很好，所以可以判斷不是靠吃藥、手術抽脂之類的方法。

為了尋得減重妙招，我向緹娜這個「曾經的胖子同胞」取經。看到瘦身之後的緹娜，我還是很難將這張好看的臉和之前印象中那個胖女生聯想到一起。一年前的她被母親大人逼著相親了六、七次，每次都是一見面就 Game Over。以致緹娜自嘲道：「我這簡直就是參加秒殺活動啊！」

我問她：「那你這次怎麼瘦得這麼『過分』？」

她笑著說：「總的來說，是慘絕人寰的自虐，然後連續自虐六個月，這才勉強擠進了好看的那道『窄門』。」

我又問：「可你哪來的自虐的勇氣呢？」

緹娜一臉嚴肅地對我說：「在見到被介紹的『對象』的那一瞬間，我就明白自己在媒人眼裡究竟是什麼貨色了！」

原來，她被失敗的相親一次接著一次的傷害著，外加她身邊的人一直都拿「胖」來奚落她，什麼「你這麼胖能不能眼光別那麼挑」、「你再胖下去怕是嫁不出去了」。一怒之下，緹娜開始了瘋狂的運動和近乎苛刻的節食雙重減重。

對於一個吃貨來說，沒有人知道她為管住嘴巴多吃了多少苦；對於一個胖子來說，沒有人知道她為邁開腿多流了多少汗，但所有人都為她變好看了而默默按讚。

從「土肥圓」變成「高白美」的過程註定是苛刻的、殘酷的，畢竟掉的是自己的肉啊！承受這樣的苛刻和殘酷，既需要變美的決心，更需要自虐的狠勁。你要記住，如果你不虐自己，就會輪到別人來虐你。

那些減不下來肥說是「體質問題」，完成不了任務說是「時間不夠」，皮膚粗糙說是「天生就這樣」的人，多數都是因為對自己太好了！

別人是好吃也盡量少吃，不好吃就乾脆不吃，你食慾特別好，好吃你就往死了撐，不好吃你也要吃個飽！

於是，你一邊自稱「吃貨」，一邊喊著「我要減重」，一邊努力卻減不下來，一邊減不下來還努力吃！

最後，別人婀娜嫵媚，成了活在人間的仙女，而你只能繼續圓圓滾滾，就像一個行走在人間的受氣包，只能將「變美」這種事情寄託於下輩子——重新投胎一回。

可你想過沒有，當有一天，你的情敵比你瘦、比你美，你男友的前任比你瘦、比你美，你前男友的現任比你瘦、比你美，你討厭的主管比你瘦、比你美，那樣的世界該有多可怕？

03

夏綠蒂．勃朗特在《簡愛》裡有這樣一段話：「你以為我貧窮、相貌平平就沒有感情嗎？我向你發誓，如果上帝賦予我財富和美貌，我會讓你無法離開我，就像我現在無法離開你一樣。雖然上帝沒有這麼做，可我們在精神上依然是平等的。」

這段話被無數女生視作婚戀寶典，以此來宣示自己的戀愛規則——在精神的世界裡，要做一個和男人平起平坐的人。但相信看過小說的人都知道，簡愛小姐經歷了何等坎坷的人生，擁有何其驚人的毅力才有資格說這樣的話。

而你，連一帆風順的人生都過不明白，有什麼資格做精神上的貴族？連象牙塔裡的生活都沒過好，憑什麼強調精神上的平等？

過想要的生活，走喜歡的路，選擇所愛的人都是需要本錢的。在你又胖又懶的時候，就別欺騙自己說「未來一定有人在等著遇見我這樣的人」；在你無精打采、邋裡邋遢的時候，就別寄希望於哪個王子能夠騎著一頭瞎馬撞到你。而是要想一想，好男人為什麼會在未來等自己，自己又有哪一點配得上讓王子叫停馬步？

感情的世界裡，並沒有小說裡講得那麼多美麗的邂逅，也不會像童話故事裡渲染得那麼純粹，它很勢利，也很不公平。如果你和對方的差距過大，那麼你就免不了要過誠惶誠恐、小心翼翼，不敢鬧，不敢糾纏的日子。

你連不滿的資格都沒有，又哪來平等可言呢？

所以，親愛的你一定要警醒起來，不能再由著自己這樣胖下去、醜下去了。你不試著掌控自己的人生，那麼一定會有人來控制你的餘生；你不拚命減重，那麼早晚有一天，肥胖會讓你受盡難堪之苦。

所有的自由、美好的背後，都藏著一點慘烈的自虐氣息，都需要你不斷地自我磨礪才能換取。

雖然每個人都有老去的一天，但不同的是，懶散放縱的人會老得快一些，而嚴於自律的人會老得慢一些。

對於自律的女性來說，就算有一天，歲月奪去了你的容顏和輕狂，也會補給你嘴角上揚的本錢。誠如香奈兒所說，過分地強調精神而忽視外在，這是很膚淺的。你得漂亮，長長久久都得漂亮。

一個姑娘家，應該看起來是美美的，聞起來是香香的，摸起來是滑滑的。一直這樣生活的你，就算到了七老八十，走在路上也會有男人向你吹口哨，那時候，你就可以搖一搖你那纖纖玉手，優雅地對他說：「別鬧，我是你奶奶」。

如果你不虐自己，
就會輪到別人來虐你。

你不試著掌控自己的人生，
那麼一定會有人來控制你的餘生。

THEME 02

各位女生，你一定要很有錢

01

好友Alice在社群媒體裡PO了一則貼文：「我發誓一定要有有錢！」不但措辭強烈，而且結尾還加了幾個怒火沖天的表情符號，配圖則是一隻憤怒的小鳥。

問其原因，她講了逛街時遇到的糟心事給我聽。她在一家精品店看中了一條黑色短裙，試了又試，看了又看，喜歡得不得了，可一看價格，她又猶豫了——「大概等於自己一個半月的薪資」。

正在Alice激烈想法激烈掙扎的空檔，站在一邊的女店員一臉嫌棄地說：「小姐，你要是買不起的話，就不要翻來翻去了，這是限量款，弄出皺褶了，老闆會罰我錢的。」

這句話讓 Alice 足足愣了半分鐘，她就那麼怒目圓睜地盯著那個店員，末了，她還是低著頭，拎著包，心虛地、逃跑似地離開了。因為她猛然意識到，女店員說得確實沒錯，她確實是買不起啊，她要一個多月不吃不喝、露宿街頭才能負擔得起這一條短裙。

Alice 最後說：「要是我有錢，我就掏出一疊鈔票，直接甩她臉上！」

你看，**錢竟可以和尊嚴畫上等號**。

有錢的意義是什麼呢？

有人說，只是出門去遛達一會兒，結果路過某精品店的櫥窗，覺得那件外套不錯，就馬上進去試穿了一下，隨後，打包、付款，一氣呵成，前後不到十分鐘。

有人說，只是在百貨裡閒逛，然後偶然地試了一堆唇膏，覺得哪幾種顏色特別適合自己，管它是 Bobbi Brown，還是 Chanel，覺得好看就刷卡，信手拈來。

還有人說，有錢了就可以噴上千元的香水，可以不再為了一頓飯究竟花了多少錢思前想後，也可以順手買一件萬元的短裙……

更準確地說，**有錢的意義不是可以肆意揮霍，而是有更多的選擇**。

有錢才能在年紀輕輕的時候就過上自己想要的生活，而不是等到七老八十了才頻頻回首，滿是遺憾；有錢才能擁有自己喜歡的東西，而不是在遇見了喜歡的東西時，發現錢包空空，只能尷尬地扭頭就走。

所以我的建議是，別再去聽什麼成功學的演講，**那些已經成功的人只會麻痹你，因為他們是用贏家的眼光來看待這個世界。他們表現出的「金錢不重要」的姿態，離你這種「還要為夢想分期付款」的人實在太遠**。

更不要去聽那些「從未經歷過為了生存而放下尊嚴」的人胡說八道，他們只會輕描淡寫地聊著「如何瀟灑」、「如何體面」地行走世界，他們的高談闊論對你毫無意義。

我知道，不是你不想酷一點，不是你不想瀟灑一回，而是你清楚地知道，根本就沒有人為你的酷、你的瀟灑買單！

02

對女性而言，金錢有多重要呢？獨自在上海打拚的琪告訴我：「**金錢決定了一個人的底氣！**」

初到上海時，琪是孤獨的，甚至可以說是落魄的。在親情、友情都極度稀薄的異地，她為了省錢而到很遠的地方租房子，為了少坐兩站地鐵而寧可走很遠的路，甚至為了省電費而捨不得用電暖器，為了少出一次聚會的人頭費而藉故躲在家裡吃泡麵……

就在琪無助而迷惘的時候，一個「自帶光環」的男人出現了。他帥氣，體貼，溫柔，在琪看來，「他是上天派來拯救自己的王子」。

沒過多久，琪的生活確實因為這個有錢又有閒的男人而發生了翻天覆地的變化，她從潮濕陰冷的租屋處搬進了富麗堂皇的公寓，她從省吃儉用的「打工仔」變成車接車送的「少奶奶」。可正當琪滿心歡喜地計畫將來的時候，她突然發現，這個男人有不下五個「女朋友」，而他在每一個女朋友面前，都是浪漫的、瀟灑的。

至少有三天，琪沒日沒夜地哭，像極了一個在初春快要融化掉的雪人。

哭完之後，琪問那個男人：「這些都是真的嗎？」

「是的。」

她又問：「你愛我還是愛她們？」

「都愛。」

她還想問什麼，突然被那個男人打斷了。他一改一貫的溫柔，粗暴地說：「我這是看得起你。要麼，你就住在這公寓裡，然後閉嘴；要不就從這裡搬出去，回到你那破爛小套房裡！」

琪沒再說什麼，她一個人，咬著牙、噙著淚，大包小包地往公寓外扛，再一件一件地搬進租屋處。

搬走之後的琪變得越來越獨立，也越來越優秀，經過三年的打拚，琪成為了公司裡為數不多的女主管。對於琪這樣優秀的女性，追求她的人很多，甚至連琪公司老總的兒子也追求過她——有時送花，有時送首飾，還有一次送來了一把賓士的鑰匙……但都被琪一一拒絕了。

對於一般的女性，在這樣的金錢攻勢之下，恐怕早就淪陷了，但琪沒有。她自己會賺錢，她買得起想要的東西，所以她的腰桿可以挺得直直的。

她大大方方地回覆道：「我根本就不喜歡你，你趁早鳴金收兵吧！」

我問琪：「後悔過嗎？你這麼愛錢的人，怎麼會和錢過不去？」

琪說：「**不沾汗水的錢，早晚會沾淚水。**」

我又問：「有沒有笑話當年的那個自己太傻了，以致被那個渣男騙得太慘？」

琪笑著說：「其實這也怪不得我啊，不是有人說了嘛，『渣男必然配備一個專業說謊的嘴巴，敗類必須搭配一張刀槍不入的臉皮』。」

你看，**當你有了足夠的金錢做後盾，就會變得底氣十足。在你孤立無援的時候，金錢可以為你助威；在你面對威逼利誘的時候，金錢可以替你撐腰。**

03

在一檔求職類電視節目中，一個女生問主持人：「我今年二十六歲了，現在在北京有一份朝九晚五的工作，前不久，一家香港上市公司的人事部發了面試通知給我，但要求我去香港面試，並且面試通過率很低。我現在需要考慮時間、機票等成本問題，你說我該不該去試試呢？」

主持人回答說：「如果你家裡條件不錯，只需要注意路上安全就行了。即使沒成功，也不過是兩張機票的事情，如果成功了，則可能是平步青雲。」

「但是，」主持人話鋒一轉：「如果你的經濟條件很一般，現在的收入是入不敷出的狀態，建議你還是謹慎一點好，因為兩張機票錢很可能是你兩個月的生活費。」

你看，同樣是機遇，為什麼有的人被鼓勵去試試，而有的人則是被建議謹慎一點呢？差別就在於「有錢」和「沒錢」。

有錢，就有更多的可能性。這意味著你有很多的試錯機會，意味著你比別人有更大的能力去抵消失敗帶來的衝擊，意味著你不必為了一時的得失而小心翼翼，意味著你有更大的勇氣去嘗試，去選擇。

你不會因為爸媽催婚而苦惱，因為你已經不需要啃老，甚至可以揮舞著鈔票對爸媽說：「別擔心我，去享受生活吧，盡量花，別心疼！」

你不會因為沒有男朋友而擔心自己成為大齡剩女，因為你從來都不把青春當成感情的籌碼。

你不會因為面對劣跡斑斑的丈夫還死守婚姻，因為離開這個男人，你也有足夠的物質條件讓自己安穩生活。

是的，金錢確實不是萬能的，它確實買不到所有的幸福，但金錢能夠在你和幸福之間架起一條橋梁，讓你踏實地走在上面，去迎接另一端的美好。

你還會發現，**你的尊嚴、底氣、生活品質、改變現狀的勇氣和說走就走的能力，以及你幫助別人的機會，無一不與金錢相關！**

04

在最喜歡的那款手機面前，你要盤算一下銀行戶頭的餘額；在拿著菜單的時候，你要思前想後地審視對比每一道菜的價格；在你為了工作忙得焦頭爛額，而別人正享受詩意和遠方時，你只能忍受著眼前的苟且……這，是你的現狀吧？

試問一下自己，那些讓自己苦悶的問題，是不是絕大多數都可以透過錢來解決？那些在生活中讓自己感到快樂的事物，是不是大多數都和金錢密切相關？

尤其是對那些獨自在大城市裡打拚的人而言，金錢絕對是一個人抵禦孤獨的「黃金聖衣」。

用一筆錢換一杯熱氣騰騰的咖啡，可以終結一整晚的孤枕難眠；用一筆錢換一套優雅大方的時裝，可以抵消一整月的埋頭苦幹；用一筆錢換一張去大堡礁的機票，可以擊潰大半年的百無聊賴……

這些快樂是純粹的，是別的任何事物都不能替代的。

很多女孩子都絕頂聰明，她們往往是判斷題的高手，也是分析題的強人，卻也同時在實踐課中翻船。

簡單來說就是：「我知道有錢很好，也知道沒錢很可怕，可是虛度年華的感覺好過癮啊！」

有人說：「我可以沒有金錢，卻不能沒有尊嚴。」但現實情況是，沒有錢，你拿什麼來保護自己的尊嚴？

有人說：「別跟我談錢，談錢傷感情。」但現實情況是，沒錢才傷感情。

有人說：「我要保持獨立的人格，我才不會成為金錢的俘虜。」但現實情況是，沒錢的靈魂根本就沒辦法理直氣壯地站立。

有人說：「要孝敬父母，給他們長情的陪伴就夠了。」可現實情況是，沒錢根本就給不了父母安詳的晚年生活。

所以，親愛的，除了愛情之外，你還要找到能讓自己立足的東西——Money。**沒有錢，你拿什麼呵護你的親情，支撐你的愛情，聯絡你的友情，靠嘴嗎**？

別鬧了，大家都很忙的！

THEME 03

說過很多瀟灑的話，做過很多打臉的事

01

年輕的上班族，到月底都窮。灰灰就是「月光族」的傑出代表。她的生活常態是，月初忙死，月底窮死。

以致她常常自嘲道：「同樣都姓『灰』，別人家的灰姑娘最後都穿著水晶鞋了，我這個灰姑娘卻是名副其實的又土又灰！」

灰灰在一家設計公司上班，每天早上八點鐘就得擠地鐵、換公車地趕到公司，晚上十一點多才能從公司回到家，加班到半夜兩、三點也是常有的事。

月初忙的時候，她還可以用剛到帳的薪資來撫慰心靈，月底窮的時候，就只能跟我發發牢騷了。灰灰最愛跟我說的一句話是：「老楊啊，我都快累死了！」

我了解灰灰，她確實是一個很「忙」的人。比如說，為了找那雙她最愛的白鞋，她可以翻箱倒櫃四十分鐘；為了追地鐵，她可以像個扛著炸藥包的戰士一樣在人群中「殺開」一條路；為了避免「遲到扣薪水」這種「嚴重事故」的發生，她敢連闖兩個紅燈，再經過四百公尺衝刺去打卡……然而即便如此，公司發獎金、升職的機會從來跟灰灰沒有任何關係！

其實我想說的是，你以為每天能準時地坐在電腦前，每個月能依規定出現在公司就行了？不，不是這樣的。既然你的正經工作都是抽空完成的，那老闆發獎金、提拔員工的時候，怕也只能抽空才想得到你！

你有沒有想過，為什麼你的時間總是不夠用？為什麼你買稍微貴點的東西，都要不自覺地把它折算成自己多少天的收入？為什麼你以前看著數字就頭暈腦脹，現在願意對著數字精打細算，還時刻惦記著要怎麼花錢才能熬得到月底？

為什麼你正值青春的花樣年華，卻窮得只剩下理想，忙得沒時間生活？

實際上，絕大多數人的疲於奔命，不是因為忙，而是心態出了問題，是眼下的生活不能如人所願，是對當前的生活不知所措。

但是，如果你不能以一種主動的、有規劃的方式去對待生活和工作，那麼你即使什麼都不做，依然會覺得疲憊。

比如你忙著回覆一封又一封無關緊要的郵件，忙著參加一個又一個無聊的會議，忙著從一個聚會趕到另一個聚會，忙著在節假日跟通訊軟體上每個熟悉和不熟悉的人說沒完沒了的、應付了事的祝福語……

比如你每天兩點一線，在家和公司之間步履匆匆。一大早忙著擠上即將關門開走的公車，好不容易來到公司忙著準備資料、歸類檔案、接待客戶。終於熬到下班，行屍走肉樣的狀態卻還不忘滑社群媒體，在手機裡看著大家都在為生計而奔忙。

可如果誰要是問你，「怎麼你老是這麼忙？都做了些什麼？」你就算皺緊了眉頭，想破了腦袋也只能給出一個這樣回答：「呃，我也記不住都忙什麼了，反正就是很忙！」

你呀，像極了一隻在泳池裡瞎撲水的旱鴨子，一直抓住一個叫做「工作忙」的游泳圈不肯放手。因為忙，你懶得去做臉部護理，懶得主動聯絡客戶，懶得跟戀人好好看場電影或者愉快地聊聊天，於是你的臉黃了，訂單黃了，愛情也黃了。

於是，「我好忙」變成了你的海洛因，變成了讓你麻木的精神撫慰品。它讓你忘記為了什麼而出發，忘記了你的最終目的是什麼，就像把你綁在了旋轉的音樂盒上，看起來美妙，聽著也舒服，卻是周而復始的、無意義的原地轉圈。

嗯，**那你就接著懶吧，以後很失敗的時候，還有可以安慰一下自己的理由——萬一努力了還不成功，那不就尷尬了**？

02

「你這麼忙，為什麼從不喊累？」

我把這個問題拋給了另一個很忙、很窮，但很少聽到她抱怨的女孩，她叫櫻桃。畢業三年來，櫻桃在一家電視臺裡擔任導演助理，工作內容大約是「打個電話給某某演員」、「去催催某某主持人快一點」、「幫我去樓下買一杯咖啡，哦，多加一包糖！」

櫻桃笑著回答我：「我不覺得我很忙啊，我特別享受這種狀態，它最迷人的地方是，我可以向一幫有脾氣、有經驗的人學習，並且在我最喜歡的地方工作。我若成功了，我可能因此收穫很多——比如友情、愛情、財富、閱歷⋯⋯就算我最終失敗了，在這個行色匆匆的異鄉城市裡，也不會有人注意到我的神色有多落寞，並且，我永遠有機會重新來過。」

對一個閱歷、能力、實力有限的女孩子而言，年輕是你的本錢，但同時也是你的軟肋。你可以憑藉著年輕的本錢，去蟄伏、去經歷、去磨練、去提升，而不是藉著年輕氣盛而肆無忌憚，肆意揮霍。

有一陣子，一篇名叫〈退掉一門課吧，別忘了我們就讀名校的初衷〉的文章爆紅了一段時間。內容大致是說：「我們上大學的目標是發現自我、尋找人生的意義，而不是在各種作業、考試和社團之間搞得焦頭爛額。」

大體一看，以為真是那麼回事，但仔細想想，才發現它大錯特錯！

在大學裡，你沒有找到自我，沒有發現人生的意義，絕對不是因為大學的作業太多，很可能是韓劇讓你欲罷不能，美劇讓你不能自已，網購讓你難以自制！

在課餘時間，你沒有完成論文，沒有做好社團工作，絕對不是因為社團的事務太多，很有可能是你熬夜滑手機的時間太多，人際交往的能力太差！

用一句流行的話來總結就是：「大部分人的努力程度之低，遠遠沒有到達要拚天賦的程度。」但是直接承認自己努力程度不夠又顯得不好意思，於是就替自己找了一堆看起來冠冕堂皇的理由。

人最大的虛偽，莫過於用一個看似合理的理由來安慰自己的懶惰和無能。但希望你能記住，你現在為了舒服而少走的路，都會變成你將來要多吃的虧！

在你二十幾歲的時候，你學習新本事的精力、體力和動力都是最好的，為什麼要為一時的安逸、輕鬆而放棄變好、變強、變好看呢？

再說了，你來到這個世上，不是為了幫自己省麻煩而活的，而是為了成為一個真實的、有血有肉有靈魂的人而活。

03

你的日子是這樣的吧：手機不敢離身，怕錯過任何一則訊息、郵件、電話；精神上二十四小時待命，以聆聽某個重要客戶的「友情建議」。

即使你抽空去看了場電影，期間如果突然看見手機上有個陌生號碼的未接來電，就會在心裡琢磨半天；如果突然有幾天能夠準時下班，你甚至會有點不知所措——不知道回家早了要做什麼……

不知不覺間，你成了既窮、又忙、還茫然的那一種人。

發薪水的時候，你會抱怨：「計畫要花出去的錢，總是比賺的多」、「工作越來越熟練了，事情卻也越來越多了」。

朋友邀請聚會的時候，你會扭扭捏捏地說：「這幾天我實在是太忙了，等過幾天再找你」、「最近我有個企劃案要忙，下次再和你約」。

看見某件心儀的外套時，你會謹慎地掩藏好自己貪婪的眼神，然後在心裡嘀咕道：「哇，好喜歡這件，可這也太貴了，還是算了吧。」

這種人的計畫都驚人地一致：「等我有錢了」、「等我升職了」或者「等我有時間了」……

朋友邀你去看電影，你看看時間說一會兒還要工作；看到社群媒體有好玩的事，你自言自語地說等下次也要這麼玩；看到別人在學時髦的插花課程，你說等忙完就去報名……最後，你想做的事都沒有做，卻還是很忙。

你熬夜，以為因此可以爭取時間，但白天卻因為精神不足效率低下；你減少室外運動時間，以為能為工作留有餘裕，就能早點完成手頭工作，但健康狀況卻亮了紅燈，根本就沒有足夠精力來工作。

沒有週末的時候，你就想有時間能好好睡一覺；能睡好覺之後，你想要有假期去旅行；有假期旅行之後，你想要更多的自由做別的事；自由了之後，你還是想要更多的錢。於是，所有你想像出來的美好計畫、縝密規劃，都在時間的考驗下，變成了一個接一個的笑話！

另一個與此完全相反的活法：做事從來都沒有計劃，有的只是沒完沒了的忙碌。這樣的人彷彿是，只要活著，就多多少少得給自己找點事做。

我想提醒你的是，**真正有意義的忙，是飽滿的、溫暖的、帶有某種興奮感的，而不是空洞的、冷漠的和情緒低落的；是帶著某種目的的隱忍與堅持，而不是無所適從時的焦慮和敷衍！**

那麼，請你再好好想想，你正在忙碌的那一堆瑣碎事情，對你而言，真的有意義嗎？

據說，這個世上有三種笨鳥，第一種笨鳥不笨，但自己不想飛，於是哪裡都沒有去；第二種笨鳥是真的很笨，卻在努力飛，還是依然哪裡都沒有去；第三種笨鳥不但笨，還懶得飛，只能在窩裡下個蛋，等蛋孵出來，讓下一代使勁飛！

別急著告訴我你想做哪一種笨鳥，因為我想說的是，你要避免成為其中任何一種！

順便提一下，別再妄自菲薄、硬說自己不會樂器了，你的退堂鼓打得就很棒！真的！

絕大多數人的疲於奔命，
不是因為忙，而是心態出了問題，
是眼下的生活不能如人所願，
是對當前的生活不知所措。

人最大的虛偽，
莫過於用一個看似合理的理由
來安慰自己的懶惰和無能。
但希望你能記住，
你現在為了舒服而少走的路，
都會變成你將來要多吃的虧！

THEME 04

他只是喜歡撩你，不是真的愛你

01

大妮第一天上班的時候，就被公司裡的一個男生「盯」上了。在異地他鄉，大妮是這座城市的陌生人，而這個男生則主動扮演了「導遊」的角色。他帶著大妮熟悉公司，指導她工作，帶她去看新電影，帶她去吃特色小吃。從工作到生活，男生處處都很熱心，這讓大妮心裡很溫暖。

大妮傳訊息問我：「哪裡有好吃的，他就帶我去；哪部大片上映了，他就約我；上班的時候提醒我哪些是上司的雷區，晚上又會提醒我要反鎖房門。你說，這男生這麼關心我，算是在追我嗎？」

我反問了她一句：「他表白了嗎？」

大妮說：「沒有，可能是害羞吧。」

我說：「沒表白算什麼追？如果真是害羞，那還真算是天大的好事，怕就怕，他的真實想法是捨不得放了你，可收下你又覺得虧。所以他只是撩閒，根本就不打算追。」

大約一週之後，大妮打電話給我，開口就是：「老楊啊，你說得太對了，他真的只是在撩閒。」

原來，經過一段時間的相處之後，大妮發現這個男生和公司裡的每個女生都很好，在和女同事的聊天中，大妮聽說他對每個新來的女生都很殷勤——熱心滿滿，處處周到。

最讓大妮生氣的是，所有沒和自己在一起的週末，這男生一定是和另外的女生在一起。而大妮在回看聊天紀錄時發現，他在和別的女生約會時，還時不時地傳給自己一、兩句關心的話：「在幹嘛呢？」、「中午吃了什麼？」

大妮說：「想想真是太噁心了。」她開始懊悔，抱怨，甚至還夾雜著一、兩句咒罵。

我打斷她說：「先停一下下，你自己也有問題，明明就是你覺得他對你有好感，甚至要追求你，然後擺出了一副『你快來追我吧，我準備好了』的姿態，那他無聊時不撩你又撩誰呢？」

下班了，你百無聊賴地躺在沙發上發呆，恰巧他給你傳了一句關心的話，就激動得一整晚輾轉反側；週末了，你一個人在街頭晃蕩，巧合地接到了他的邀請——「一起去看電影吧」、「一起去吃飯吧」，惹得你興奮到差點撞上電線桿。

是的，我明白，你只是孤獨，所以一看到誰傳訊息給你，就激動得像是天文學家接收到了外星人的電波。

但我要提醒你的是，受寵若驚的你，請先別急著掏心掏肺，而是要冷靜下來分析，對方到底是人還是鬼。

行走在這花花世界，遇到爛桃花，誰都難免。無非是一些似是而非的眼神，一些曖昧不清的暗示，一些不用心只用腎的挑逗。你以為他很在乎你，以為他對自己關愛有加，但實際上可能只是你一個人的自以為是。

世間情，最怕的是你一片真心，而他在玩招數。

他啊，只是群發了一句祝福以求回應，只是無聊了找個人打發時間而已，但他的無聊之舉，卻足以讓你滿懷期待，小鹿亂撞。

他啊，只是給你傳遞了一個廉價的關懷，只是向你展示了一下「無限量特別供應」的體貼，卻讓你對他好感滿滿，甚至認定他對你情比金堅。

結果變成了，先撩人的是他，先放手的是他，最後他活得雲淡風輕，而你卻在念念不忘。

別傻了，他的那些晚安，不過是為了讓你閉嘴罷了！相信我，忍受孤獨比忍受渣男舒服多了。

02

詠儀在大學時就是名聲在外的美女，學校大大小小的各類晚會，她都是主持的不二人選。

有人讚美她是校花，她就微笑著回覆別人一個「謝謝」，有人滿臉堆笑地約她週末去看電影，她就凶巴巴地回覆別人一個「滾」。

在熟悉詠儀的人看來，她不僅美，而且知書達理，善解人意。但在不熟的人看來，她雖然美，但有點冷。

追詠儀的人很多，但她整個大學四年都沒有談戀愛，更沒有和誰曖昧糾纏過。好姐妹說她，「這麼美的年紀不談戀愛簡直是太浪費了。」她笑著說：「這麼美的年紀和不付出真心的人談戀愛，那才叫浪費。」

朋友聚會的時候，難免會遇見幾個陌生男孩來搭訕，但從來沒有誰能從她那裡得到手機號碼。朋友慫恿她「試著接受一下條件還不錯的，說不定可以日久生情」。她還是搖搖頭說：「他們只是在撩漂亮女生，我要的是可靠的愛情，道不同不相為謀，何必要試呢？」

我聽得出來，她的潛臺詞是：「我分得清什麼是真情相邀，什麼是假意周旋，所以不想參加這場滿是招數的假面舞會。」

對啊，就算你表現出了孤獨寂寞冷的樣子，也得不到一個真誠的擁抱，那還不如就像不缺愛似地承受這孤獨，至少看起來是一副很不好欺負的樣子。

這世間，最可恥的事情莫過於他戴著一張「絕世好男人」的面具，去接近你，然後，一步步地擊潰你精心構築的防線，一點點蠶食你佯裝出來的堅強，像蛀蟲一樣在你心上肆意地啃噬，可等到你滿心歡喜地期盼他摘掉面具，和你演一場風花雪月的故事時，他卻連與你坦誠相對的意願都沒有。

最後的結果往往是，你心裡空空落落、拔涼拔涼的，而他卻是毫髮無損，全身而退。

這世間，最可憐的事情莫過於你在用心、在談情，而他卻在用腎，在玩招數。

這些招數無非是：剛開始揣摩你，之後試探你，等到認定了你很孤單脆弱、很寂寞感傷的時候，他就變身為特大號的暖暖包，要麼含情脈脈地對你說「我願意借你一副肩膀」，要麼深情款款地對你說「我會一直陪著你」。

一旦你的防備在這份暖流裡鬆懈了，暴露出內心深處的寂寞，再表現出半推半就的姿態，那他就會趁虛而入，全盤接管了你的感情。

這樣的男生，往好聽了說，是「中央空調」式的暖男；往難聽了說，就是「有賊心沒賊膽」的機會主義者。他們的宗旨是「不讓你陷入孤獨，也不對你的感情負責」，他們慣用的手段是「空手套白狼」。

得手了，他和你登堂入室，之後再突然地移情別戀，留你一個人不知所措；沒得手，也只是假裝尷尬地笑笑，然後從你的全世界路過，任由你在牆角裡耿耿於懷。

事實上，你越是模稜兩可，他就越發得寸進尺；可如果你能把握住交往的底線，自尊自愛，他就會審時度勢，知難而退！

怕就怕，你太天真，遇見了定義不明的感情，就衝動得像海鷗捕食那樣，一頭栽進水裡，全然不顧生死。

03

有個女性朋友問我：「為什麼有些男生變化那麼大？剛開始喜歡我的時候，熱情得不得了，可等到自己想著要和他更進一步的時候，他卻慢慢地變得冷淡了，甚至最後提議要和我『好聚好散』，或者說『還是做好朋友』。」

我反問她：「**為什麼一定要覺得是他一開始就很喜歡你，後來不喜歡了呢？為什麼不這麼想，一開始，他只是假裝不那麼討厭你，後來相處下來，發現實在是裝不下去了。**」

其實有些事根本就沒有你想得那麼複雜，他對你忽冷忽熱就是把你當備胎，他讓你感到患得患失就是不夠愛你。

或許，他跟你一樣，很久沒有談戀愛了，恰好看見你單身，於是就隨便撩一下；或許，他在一段感情裡受了重傷，現在剛好傷癒復出，所以不再敢動真感情；又或許，他也正被家裡人逼婚，而你恰好出現了。

是的，你只不過是恰好出現了，算不上天造地設，更不算命中註定。

你呀，只是他左右權衡之後，覺得還算不錯的一個選項，並不是他所有選項中置頂的、不容替代的、有優先權的那一個。

所以，別傻了。「好聚好散」只是給你一個不那麼難堪的說辭，「還是好朋友」只是他偽造的一個不那麼血淋淋的結局。所以，別再糾結原因了，畢竟你要找的是非你不可的人，不是可有可無的人。

要我說，**你其實也不算真的難過，因為你根本就沒有那麼在乎他這個人，你只是無法接受他突然不愛你而已**。

如果一個熱情的男生突然從你的世界裡消失了，請馬上去放一串鞭炮吧，因為他至少給出了一個鮮明的態度，最可怕的撩閒是「拖著」，讓你以為還有希望，但事實是，他不僅不愛你，還懶得解釋為什麼不愛你。

切記，不要一遇到撩你的男生就以為那就是「對的人」。**這世上並不存在為你而準備的那種「對的人」**，就算有，他也絕對不是靠混日子等來的，而是你不斷闖關，不斷打敗小怪獸之後，用贏得的積分去兌換來的。更準確地說，是你不斷升級，不斷提升自我之後，理應就能遇見的。

所以，要麼沉默著步步為營，要麼瀟灑地一刀兩斷，千萬不要把那些不可靠的事情放在嘴裡咀嚼出味道來，老皮老肉、怨氣滿滿的女人是最可怕的！

唯有你自己的世界裡物產豐饒，精神食糧足夠讓你自給自足，你才不會寄希望於命運，或者非得拿他人畫的餅來充飢！

所以，與其糾纏不清、喋喋不休，還不如一別兩寬，各自歡喜。從今以後，嘴要甜，心要狠，該留留，該滾滾。

希望你早日明白，歲月悠悠，除了快遞，誰都不必等。

怕就怕，他的真實想法是捨不得放了你，
可收下你又覺得虧。
所以他只是撩閒，根本就不打算追。

你以為他很在乎你，以為他對自己關愛有加，
但實際上可能只是你一個人的自以為是。

THEME 05

泰然自若的單身，遠勝過貌合神離的湊合

01

對於很多單身女生而言，二十五歲是道坎：二十五歲之前沒戀愛、沒工作，爸媽最多也就動動嘴巴，然後繼續疼你；可一旦過了二十五歲，你還沒對象，工作又不行，你的爹娘就會動手了——拖著你去相親。

晴子就是這樣被逼上「相親」的梁山的。和晴子相親的男生看起來還不錯，不論是長相、氣質，還是家境、工作，都讓晴子十分滿意，但唯一的缺點是「他對晴子的態度很普通」，這是晴子後來才意識到的。

他們的第二次約會恰好是男生的生日，晴子早早就預訂了當地最好的餐廳。在等待

了四十八分鐘之後，男生才不慌不忙地到了。晴子忍住內心委屈，用衣袖蓋住了自己剛才一直盯著的手錶，滿臉微笑地遞給他一份生日禮物——一支萬寶龍手錶。對於這份花費了晴子一個月薪資的禮物，男生只是淡淡地說了一句「謝謝」，並沒有晴子之前猜想得高興。

晴子心裡想：「他可能是累了吧。」於是晴子努力地表現出很開心的樣子，講了兩個笑話之後，牛排上桌了，晴子趕緊停下了「不太受歡迎」的笑話，擠出一臉的興奮，對男生說：「看起來很好吃啊！」

可男生依舊是心事重重的樣子，雖然內心的情緒已經發出了警報聲，可晴子轉念又想：「忍了吧，畢竟是他生日。」

到最後，這頓讓晴子近乎破產的生日晚餐變成了她一個人的獨角戲。她默默地把所有配菜都吃完了，剩下一大塊牛排。要是往日，盤子裡肯定是一乾二淨！

「我們還是算了吧。」晴子先開的口。

「嗯。」男生應允道。然後，他們就再也沒見了。

回到家，晴子ＰＯ了一則貼文：「泰然自若的單身，遠勝過貌合神離的湊合。」

和晴子小姐一樣的人很多，她們或是被家人逼迫，或者是被現實左右，**年紀輕輕的時候，看著身邊的人都成雙成對了，就巴不得趕緊把自己交代出去，就像是一起參加考試，看到別人都提前交卷了，於是也慌慌張張地交了**。

可問題是，完成感情的試卷，你若不深思熟慮，就胡亂矇一個答案，那你憑什麼要求愛情滿分？分明是連及格都困難啊！

太多女性替戀愛、婚嫁貼上一個高尚的標籤，對單身、大齡下一個難堪的定義，以致她們覺得：寧可在勉強的婚姻裡哭，也不要在自由的單身生活中笑。

但是，如果你把談戀愛當成是消滅無聊、打發寂寞的手段，那就註定得不到一個稱心如意的郎君；**如果你把結婚當成一項到了一定年齡就必須完成的任務，那麼下半生必然不會如你所願**。

更準確地說，這只是你內心的迷惘，想找個依賴而已，跟愛情沒有半分的關係。

沒談戀愛有什麼丟人？過了二十五歲沒有結婚對象又有什麼難以啟齒？真正難以啟齒的是，每天和一個心猿意馬的男人虛情假意地過日子，每天以一種冷漠無趣的方式度過餘生。

真正合適的那個人，不見得情商有多高，但他一定懂得你的興奮點在哪裡，他知道你開心或者難過的事情，也知道怎麼逗你開心，避免讓你難過。只有這樣，漫長的一生共度起來才不會太費勁。

真正合適的那個人，他不會在你矯情的時候講人生的大道理給你聽，也不會在你氣得肺都快要炸掉的時候跟你「針尖對麥芒」，他和你相處會像打羽毛球那樣——兩個人輪流發球，絕不會讓你一直當撿球的那一個。

你媽把你生得這麼漂亮，這麼可愛，不是讓那些不懂珍惜的人糟蹋的，而是讓你去糟蹋別人的！所以拜託別再傻呼呼地任勞任怨了，你一個人的努力，永遠也沒辦法決定兩個人的關係。

換言之，如果你面前的那位男生特別愛耍酷，舉止特別神祕，特別冷靜，那一定是因為他不那麼喜歡你。因為一個人在真愛面前，往往是偶爾失態，偶爾耍賴，幼稚得像個孩子，蠢得像頭呆驢。

記住，男生若是愛你，就會覺得你笨，想方設法地要照顧你；但如果不喜歡你，就會覺得你足夠聰明，足夠厲害，甚至相信你身手矯健到不勞任何人操心！

02

對一名女性而言，最可怕的事情莫過於，你覺得自己有男朋友，而你男朋友卻宣稱自己單身！

柿子小姐就倒楣地遇見了這樣的男生。他從不和柿子小姐合照，就算是一起出門旅行，也從未有過照片留念。更要命的是，那個男生一直在社群媒體上自稱「孤家寡人」！為此，柿子小姐也發過脾氣，問他為什麼談戀愛非得弄得像搞間諜活動？男生皺著眉說：「網路上不是說了嘛，晒恩愛，死得快！」

可是談過戀愛的人應該都能想像得到，有戀人卻不能讓人知道的感覺有多糟心。爸媽問你「談沒談戀愛」，你說「談了」卻只有單人照片，這和告訴他們「我戀愛的對象是梁朝偉」有什麼區別？

除了不合照之外，男生還間歇性地搞失蹤，三、四天沒聯絡是常有的事情。再加上男生平時也總表現出忽冷忽熱的狀態，柿子小姐也曾傷心地提過分手，但每次男生找她復合的時候，她都輕易地原諒了。

可是，原諒歸原諒，問題還存在，柿子小姐逐漸變得疑神疑鬼起來，她想方設法地打聽男生之前的種種，甚至一度偷看了男生的手機。這一偷看，就看出了端倪來——手機相簿裡有他和另一名女性的合照。

柿子小姐問：「她是誰？」

男生一把奪過手機，惱怒地說：「關你什麼事？」

世上最寒心的對白莫過於一個問得尷尬，一個答得瀟灑！

我問柿子小姐：「事情都明明白白了，你還想怎樣？」

柿子小姐抹著眼淚說：「我也不知道，大概還在等他回來吧，他是我的王子啊，我不敢想像失去他會怎樣。」

我對她說：「他沒有高貴到能享有『王子』的尊號，你也沒有卑微到以『灰姑娘』自居的地步。退一萬步說，是誰規定灰姑娘就必須被王子拯救？為什麼你非要覺得，灰姑娘的腳穿上了那雙玻璃鞋，就應該感激涕零地被王子領回宮，然後永遠在幸福中誠惶誠恐？」

事實上，當你迫切地想與他好好聊聊時，卻發現話題換了好幾輪了，你收到的答覆總是那一兩個字「哦」、「好吧」；當你正滿心甜蜜地回味那場約會時，他正一心一意地陪著另一個人；當你滿臉心事地在暗夜裡為他輾轉反側的時候，同在一片月光下的他，卻正在和另一個人卿卿我我。

於是，你撒嬌就是黏人，你吃醋就是小心眼，你想念就是打擾，你關心就是鬧得慌……總之，你渾身上下都是「問題」。

可是你別忘了，**你不要命地對一個人好，生怕做錯一點對方就不喜歡你，這不是愛情，而是取悅；分手後覺得更愛對方，沒他就活不下去，這也不是愛情，只是不甘心**。

如果他只是在心情好的時候待你溫柔，說話情真意切，脾氣不好的時候就馬上給你壞臉色，請你馬上離開他。「心情不好」從來都不是「隨便發脾氣」的尚方寶劍。

如果他對你只是「招之即來，揮之即去」，那麼請你讓自己忙一點，沒空一點，不要他一個電話打過來，你就搖著尾巴跑過去了；他再晾你兩天，你就軟趴趴地一個人在牆角嘔氣。

錯的人就是錯的人啊，從來不會因為你能忍、能扛、能熬，或者多花點時間和精力就變成對的人。

當然了，你也不用一把鼻涕一把淚地責怪自己太重感情，其實你只是沒出息罷了，以致連一個不喜歡你的人都放不下！

03

你是不是也曾這樣：每隔一段時間就習慣性地崩潰——大哭或者頹廢，然後又習慣性地自癒——滿腔熱血復活，好像是在為生活製造懸念和波瀾。

你是不是有時候也會這樣：好想找個人談戀愛，但是喜歡的人還沒有出現，甚至就連發呆都不知道該想誰。

是的，你說自己很迷惘，深感自己好孤獨。

但是，怕孤獨而談的戀愛，根本就拯救不了你。戀愛最好的相處方式是為彼此錦上添花，而不是靠某一方雪中送炭。

你想要得到一個走過南、闖過北，知識廣博，閱歷豐富的男友，那為什麼不自己也背上行囊，去感受這個世界的精彩？

你想要一個學富五車、事業有成的男友，那為什麼不多讀幾本好書，為什麼不努力增加自己的能力，讓自己也在學識和事業上有一番作為？

你想要一個身材健美、肌肉發達的男友，那為什麼不穿上運動鞋去健身房，讓自己也有一個凹凸有致的好身材？

要想擁有一個優質的戀人，不是必須為他隨時都在線上，不是秒回他的訊息；不是必須每一張照片都修得美美的，不是看起來光芒四射，而是真正的內外兼修。

這樣的你，精神上不怕孤獨，身體上不怕辛苦，文能妙筆生花，武能殺魚切肉。這樣的你，就算以後遇見情敵，你能做的是直面殘酷的對手，而不是繳械投降——你優秀得可以把別人比下去！

不管你是誰，公主也不一定要等著王子披荊斬棘地來拯救，灰姑娘也不必期期艾艾地等那雙改變命運的玻璃鞋。

公主也可以把十八般武藝練得樣樣精通，讓自己變得冰雪聰明；灰姑娘也可以將十八般兵器耍得有模有樣，讓自己活得光芒萬丈。

唯有這樣，等到王子來的那天，你們就像是在時間的曠野裡，沒早一步、不晚一步地相遇；如果王子沒來，你也能泰然自若活出自我的精彩。

要我說，**被人拋棄真的沒什麼，怕就怕幾年之後，你依然又醜又窮又無聊，只能證明了當年拋棄你的人是多麼有遠見，做了一個無比正確的決定。**

THEME 06

能用汗水解決的問題，就不要用淚水

01

桃子最近「瘋了」，平日裡經常會拖延半個月，得催五、六次才會交的稿子，這次在截止日前兩天就俐落地交了，而且品質好得驚人。

我調侃道：「最近吃什麼藥了，你的拖延症居然都治好了？」

她白我一眼，說道：「覺悟了唄！」然後，就講了她上個月遇見的一件事給我聽。

那是個週末，桃子的好姐妹因為晉升副理，便拽著桃子一行人去了酒吧。桃子是個文人，向來就對這種燈紅酒綠的地方不感興趣，但為了不掃好姐妹的興，就還是硬著頭皮去了。

酒過三巡，菜過五味，一群人就在包廂裡玩起了遊戲，桃子被吵得有些耳鳴了，就在包廂門外站了一會兒。包廂對面是一個轉角，擺了兩張沙發，坐著三男一女。看得出來，其中那個女孩的年紀很小，化著很濃的妝，被三個男的輪流灌酒，她半推半就，每喝完一杯，就有一個男的將一張紅色鈔票塞進她的領口。

大約半個小時之後，桃子在洗手間裡又看見那女孩了——她正扶著牆壁嘔吐。桃子上前拍了拍女孩的後背，女孩捂著嘴巴說了聲「謝謝」，桃子看見的是一張已經哭花了的、慘白的臉。

桃子回憶說：「我當時真的覺得她好可憐，但當我回到包廂，看見曾經因為工作壓力大、在我面前哭得泣不成聲的好友，此時正自信滿滿地坐在眾人中間時，我就覺悟了，每個人的路都是自己選擇的，每個人都該對自己的選擇負責，而最負責的活法是，用行動去證明自己做了無比正確的選擇！」

生活就是這樣，眉毛上的汗水，眉毛下的淚水，你總得選一樣。

你還記得自己是怎麼選的嗎？

成績一般、能力一般，似乎也不影響你上課、工作時玩手機，下課、下班後玩遊戲，晚上熬夜追偶像的新劇。最後看到別人成績出眾，褒獎無數，你心裡滿滿是不甘心，只好哭喪著臉說：「我剛來時可比他出色多了。」於是你開始努力，可不到三天就懈怠了，並開始瘋狂地相信「再不好好享受生活就老了」。

那你的生活常態大概是，考試全靠臨陣磨槍，借同學的光也還能低空飛過；工作全憑臨時突擊，靠同事幫忙也還能應付。

家境一般，似乎也不影響你好吃懶做，平日裡，你一邊嘲諷富家子弟的大手大腳，一邊暗諷官家後代的理直氣壯。可後來卻發現，那些出身比你好、長相比你好的人，情商也比你好，學歷也比你好，甚至連工作能力、工作態度也比你好。你只好皺著眉頭說：「在學校的時候他們哪一門功課都比不過我。」於是你發誓要好好努力，也要讓自己的孩子成為富二代。可不到半個月就犯懶了，並且用大徹大悟的口吻說：「我不想謀生，我要生活。」

那麼你的近況大概是，想要買的鞋子，得咬咬牙、跺跺腳才能下得了決心；想要去旅行，哪怕是精打細算、節衣縮食也不能安心前往。

長相一般，似乎也不影響你邋遢，懶得保養。最後看到別人都落落大方，亭亭玉立，要麼是嫁得良人，要麼是成為焦點，你心裡滿滿都是心酸，只好噘著嘴巴說：「當年追我的男生比她的多好多！」於是你也決心提升自己的形象，學插花、健身，可堅持兩個禮拜就放棄了，並且還滿是詩意地喊著：「生活不只是眼前的苟且，還有詩意和遠方。」

那麼你的生活現狀大概是，不知不覺中成了理想人生的反面教材，有意無意間變成了只配幫人按讚的看客。

在抵達想要的生活之前，你總會遇到問題，這時候，我的建議是，你要用汗水去解決它，而不是等到將來的某一天後悔莫及。

嗯，願你流下的每一滴淚水，都可以灌溉到你的智商！

02

認識一個月薪三千元人民幣的女生，她向我哭訴，說主管嫌棄她笨，說同事數落她懶，她覺得自己快撐不下去了。

我反問她：「是不是你的工作紕漏太多？是不是團隊合作時你總拖後腿，或者有任務的時候總挑輕鬆的做？」

她把嘴巴噘得老高，回了我一句：「一個月就那麼點薪水，他們還想我怎樣？」

聽出來沒？她的意思是，給她月薪三萬人民幣，她就能工作得比現在優秀十倍；給她五萬人民幣，就能優秀五十倍。是因為報酬太少了，所以她的工作狀態才這麼糟糕的！

我想問的是，那你又抱怨什麼呢？**你將工作看成「一分錢一分貨」的買賣，於是你「拿一分錢出一分力」**，**但我想提醒你，老闆付薪水的原則是「一分力一分錢」**，**也就是說，你必須在拿三千元薪水時，先體現出三萬元的價值，你的老闆才可能想著付你三萬元的薪水**。

我了解像她這樣的職場新人的想法，「反正我是在混日子，你也只給我混日子的薪水，又為什麼要苛責我呢？」、「反正我又沒準備在你這裡實現人生理想，又為什麼要刁難我呢？」

從本質上來說，這是能力有限又不願花力氣提升，熱情不夠還不願盡力而為。這樣的你，去哪裡都不會有前途，做什麼都不會出成績的。因為你只是石頭，在哪裡都不會發光。

連眼前的時間都不能好好把握的人，又憑什麼讓人相信你能規劃好將來？

生活其實是一位假睡的考官，它由著你違規、抄襲、偷看答案，它當時懶得管你，等到你以為是自己在考試前臨陣磨的槍起了作用，以為是自己買的開運紫水晶幫了忙的時候，它就會悄悄地、變著花樣地折磨你，其實那是一份通知：「你被當了！」

對待工作，別人是以「做好」為標準，你是以「做了」為原則，那你憑什麼抱怨別人比你賺得多，升得快？

提供方案，別人給出兩、三個備選，每一個都別具一格；你只拿出來一個，還顯得很勉強，那你憑什麼吐槽上司沒眼光不選你，同事沒良心不幫你？

對待自己，別人一直保持謙遜的態度，四處求教，也不怕「上問」；你卻總是自信滿滿，既不屑別人的優秀，也瞧不上比自己差一點的人。那你憑什麼進步，又怎麼會變優秀？

在沒有認真嘗試以前，請不要信誓旦旦地說「不可能」；在沒有拚盡全力之前，請不要隨隨便便地說「我不行」。

我承認，每個人迷惘的青春期總會遇到一些無能為力的事情，我也承認，年輕時遇

到的困難一點都不值得歌頌，但我還是想說：你既沒有流血流汗，又沒有受苦遭災，怎麼就好意思向老天開口，說你想要如何美好的人生？

人們常說，會哭的孩子有奶吃，但僅憑哭是不可能強大的，就像罵別人醜是掩蓋不了你的醜一樣。

03

明明許諾自己，說只看五分鐘手機就去好好努力，結果三個半小時之後，硬是裝滿了購物車！

明明發過毒誓，說「要麼瘦，要麼死」，結果是知道了很多減重的方法，卻依然胖著活了小半生。

明明整天都是無所事事，覺得每一個日子都寫滿了「無聊透頂」，卻並未覺得半分輕鬆，還常常失眠到天明。

可是，你既沒有戀愛談，又沒有夢想要去努力，又不愛遊戲，又不看電視，還天天熬夜，為什麼呢？答案是你懶，卻不敢心安理得地懶。

懶惰就像是靈魂生了鏽，比勤勞苦幹更消耗身體。

你本可以透過「跟自己較勁」、「跟別人較真」的方式來激發潛能，卻在變強、變有錢的路上輸給了妥協；你本可以透過健身、讀書來實現世界上成本最低的自我升值，卻在變美、變有內涵的路上敗給了懶惰。

妥協和懶惰是一條不歸路。你以為是妥協一次，很可能就妥協了一生；你以為是懶一下子，很可能就毀了一輩子。

誠如龍應台所說：「人生中一個決定牽動另一個決定，一個偶然註定另一個偶然，因此偶然從來不是偶然，一條路勢必走向下一條路，回不了頭。」

我怕有一天，當你看著父母老去，卻不能給他們一個幸福晚年；我怕你既沒找到詩意和遠方，也沒有愛情和夢想，只是渾渾噩噩地在大都市裡消耗自己，還不斷傳給父母不能吃、不能信的各類「好消息」。

我怕有一天，當你慢慢成熟，卻發現自己無力去愛、去拚；我怕你的夢想被飢腸轆轆的現實給吞沒了，只能用乾癟的欲望勉強地支撐著勉強健康的軀體；我怕你有心過

「想要的生活」，卻無力改變人生，只能抱憾終生。

如果你不知道自己要什麼，那麼擁有再多也無濟於事；如果不知道去哪裡，那麼你現在在哪裡一點都不重要。

在這個殘酷世界裡，你不能貪戀金錢，但一定要迷戀賺錢；你可以愛自己，但一定要繼續努力。因為生活不會因為你軟弱就對你法外施恩，職場不會因為你是女性就對你憐香惜玉，情場不會因為你是「傻白甜」就對你格外溫柔，父母不會因為你是女性就停止衰老，夢想不會因為你是女性就為你降低門檻……

所以，如果再有人勸你：「你不過是個女的，簡單快樂地活著就夠了，別那麼累。」、「沒有男人喜歡強勢的女人，不要太強勢了，你不應該這麼累。」、「你不要天天把自己逼得這麼累，一點情調都沒有，否則找不到男朋友。」

我希望你好好想想：**你是女孩子，如果不自立、不自強，窮且苦著，誰能在你需要肩膀的時候給予一個依靠？如果沒有眼界、沒有實力，會不會因為別人給了你一顆小蜜棗，就搖著尾巴跟人跑了？**

妥協和懶惰是一條不歸路。
你以為是妥協一次，
很可能就妥協了一生；
你以為是懶一下子，
很可能就毀了一輩子。

每個人的路都是自己選擇的，
每個人都該對自己的選擇負責，
而最負責的活法是，
用行動去證明自己做了無比正確的選擇！

THEME 07

他日若是嫁得良人，定要謝你不娶之恩

01

Helen是大學男同學心目中的女神，一個家境殷實的北方姑娘，舉手投足之間卻有一股南方女孩的秀氣。再說具體一點，就是很像女星劉詩詩。

大學那幾年，Helen收到的情書讓她撕到手軟。面對一波接著一波的追求者，Helen一直都很傲慢，直到大四那年，她被政治系一個老實穩重、勤奮上進的男生攻破了心門。那個男生確實很愛護她，不管多遠，他都會親自接送到門口；不管多晚，他都會送Helen回寢室門前。他們一起上自修課，一起參加英語補習班，一起吃校門口十塊錢五串的串串香，一起在六、七級的北風天裡依偎著看鵝毛大雪……

這讓Helen很滿足，就算是大四，就算是站在人生的十字路口上，她也沒有一絲一毫的擔心；就算他給的是幾片黃葉，只是三、兩句直白的短詩，她也是歡欣雀躍、心滿意足地珍藏著。

大學畢業後，Helen毅然決然地拒絕了父母的安排——放棄了在銀行上班的機會，跟男生去了四川老家，她說「為了愛情，自由和物質都不重要」。

在登上去四川的飛機之前，她在社群媒體上ＰＯ文：「一切都是為了愛情」。我按過讚，我還記得有人評論道：「哇，好酷。」而她的回覆是：「我也這麼覺得。」

大約是在半年前，我在一家百貨裡偶遇了Helen，她依然是女神模樣，卻比大學時少了一股銳氣，顯得更成熟、更溫柔，也更親和。

我問她：「回家探親，還是出差呀？」

她笑著說：「我早就定居在這裡了。」

原來，她在四川待了兩年之後就回來了。在那兩年時間裡，她幾乎和父母沒什麼往來，再加上初到四川時南北方飲食、氣候、生活習慣的巨大差異，讓她吃了不少苦，但「為了愛情」，她都笑納了。

後來，她在小縣城裡謀得了一份祕書的工作，月薪剛過兩千人民幣。而那個曾經看起來「積極上進」的男朋友在考公務員路上接連碰壁之後變得心灰意冷，最終只能在當地的一所中學裡當老師，薪水和她差不多。除了基本的生活之外，她還要負擔男生父母的生活費用，以至於常常窘迫到「連換乘公車都要想方設法省錢」。

說到這裡，她清了清嗓子，認真地說：「**在愛情裡，誰不買現實的帳，現實就會來找誰算帳**。」

在隨後的兩年時間裡，這個曾經「衣來伸手，飯來張口」的小公主硬生生地被逼成了「敢和光膀子的屠戶為少了幾兩肉而大吵大鬧、敢在大庭廣眾之下和菜販子討價還價」的另一個模樣！

更大的危機是，他們為錢引起的爭吵也越來越多，最後，Helen 選擇了離開——她回歸到本應該屬於她的城市、階層和生活方式中。

就這樣，**許了那麼多山盟海誓的兩個人，最終還是輸給了現實中的雞零狗碎**。

我們常常聽見這樣的示愛宣言：「我願為了你，負了這天下。」、「我願為了你，換一種活法。」、「我願為了你，什麼都去做，什麼險都去冒。」、「因為是你，做什麼都值得。」、「因為是你，所以什麼都願意。」

言外之意是：「我愛你愛得這麼深，你就算不心動，也得感動。」

可在我看來，這些話更像是那種一下午能簽三千多張的空頭支票。你無非是想說：「我什麼都沒有，我什麼都不要，但我愛你，你看著辦。」

這哪是示愛，更像是要脅！可你只是他的戀人，又不是恩人。

我們也常常聽見這樣的牢騷：「為了你，我放棄了一流的大學和工作，來到你在的城市」、「為了你，我放棄了大城市的繁華和便捷，隨你去陌生地方重新開始。」、「為了你，我選擇與父母分離，陪你到舉目無親的遠方。」

言外之意是：「我付出了那麼多，你就算不感恩戴德，也得時刻記著。」

可在我看來，這些話更像是商業合約上的條款，你無非是想說：「我把一切都交給你了，你也該給我一些同等的回報。」

這哪是談戀愛，分明是在簽賣身契。可他只是你的愛人，又不是欠你債的人。

不論是愛或者被愛，都不要讓愛變得沉重，然後背著它，如履薄冰地生活。那些與現實格格不入的愛，一般都不會長久。

02

面對愛情，你得現實一點。比如不要對牛彈琴，因為牛聽不懂不說，還會嫌你煩。

表妹在大學裡只談過一次戀愛，用她自己的話說，那是一次「傾盡所有去愛一個人」的愛情。

這男生我見過，人長得很帥，性格上憨憨的，倒是和愛說笑的表妹很配。然而相處了一段時間，問題就接二連三地來了。

他們遇到的最大坎是消費觀念完全不同。表妹家境很殷實，自小就嬌生慣養，尤其是她爺爺，將她視為掌上明珠，真是「捧在手裡怕摔碎了，含在嘴裡怕化了」。而男生則來自單親家庭，他到週末會抽出一天的時間去家教，以補貼自己的日常開銷；寒暑假則會去小餐館打工，以補貼家用。

表妹知道他節省，所以每次吃飯都搶著買單，和他一起出門總是心甘情願地陪他擠公車、地鐵，送他的禮物都會刻意撕掉吊牌，懂事到不行。可即便如此，男生還是覺得表妹「花錢太大手大腳了」。有一次聽說表妹買了一支人民幣三百元的唇膏，竟然對她發了火，「你不知道賺錢有多難嗎？」

大三那年，男生準備考研究所，沒日沒夜地學習，表妹依舊很懂事，除了陪伴左右，還負責送餐、買書，聯絡學長討教考試經驗等，她像一個有錢有勢的祕書一樣，全方位地照料著這個從不付工錢的窮老闆！

然而他們還是在大三的下學期分手了，分手是男生提出來的，他在聽說表妹幫他報了兩萬元人民幣的研究所補習班之後徹底地怒了，緊鎖著眉頭對表妹吼著：「我需要一個志同道合的女朋友，不是啃老族；我需要她相信我的能力，而不是替我投機取巧！」

表妹一下子傻了，每天照顧他的人，怎麼就成了啃老族？報了一個補習班而已，怎麼就成了投機取巧？她怔怔地盯著男生看了十幾秒，突然就頓悟了：單憑喜歡是彌縫不了兩個人在生活和消費理念上的間隙的，這個間隙是之前兩個人上過的幼兒園、去過的遊樂場、穿過的衣服、吃過的食物、看過的書、見識過的人、做過的事等等這一切差距疊加起來的。

表妹把一路小跑送來的午餐放在了男生的書桌上，然後安靜地離開了。

愛是恆久忍耐又有恩慈，但不是沒有下限的忍耐；愛是包容、相信、不輕易發怒，

但不是低聲下氣的附和。

曾以為，婚戀中講究「門當戶對」是陋習，是人性的弱點，如今看來，它很現實，更符合人心。因為門不當戶不對造成的巨大差異，早晚會發展為愛的鴻溝。

我**所謂的現實，是你們互相配得上對方，你們兩個出身的家庭能真正地接納對方，不必為了對方而做出脫胎換骨的痛苦改變，也不用為了彰顯愛情的偉大而讓自己變得卑微，甚至放棄自己本該擁有的一切**。

我所謂的人心，是指在三觀（價值觀、人生觀、世界觀）大體相似的基礎上，彼此的興趣可以有所不同，不會基於自己的判斷去干涉對方。

弱弱地問一句，談個戀愛要三天兩頭地掉眼淚，你到底是找了個男朋友，還是找了顆洋蔥？

03

大學同學中嫁得最好的當屬賈婷，大學一畢業就嫁給了當地的地產商。後來，全家移民到了美國，據說在那邊有兩套附花園和泳池的別墅。大家再談起她，都會開玩笑地稱呼她為「那個嫁入豪門的同學」。

開始時，風聲是這樣的：「那個嫁入豪門的同學當媽了」、「繼承過億美元的資產了」，後來慢慢地變成了「那個嫁入豪門的同學離婚了」、「據說自己開了公司」、「二十幾歲就那麼出眾，太厲害了」。

我和賈婷再有聯絡是在去年年底，她回國經過我在的城市，就喊我出來一起吃飯。聊著聊著，她就把她從「嫁入豪門」到「自成豪門」的故事講了一遍。

原來，到美國的第二年，她就升級當了媽媽，老公每天在商海裡鏖戰，根本就沒有時間理她。她一個人住在偌大的別墅裡，雖然有保姆在身邊，卻幾乎沒有共同話題。

這時候的賈婷，既沒有工作，也不會交際，唯一願意做的事情是網購，然而連她自己都沒有意識到的是，網購她也只選擇母嬰產品，再也不關心KENZO的高跟鞋和FENDI的包包。與這種漠不關心相匹配的是她越來越臃腫的身材和呆滯的目光。

賈婷本來是想著嫁入豪門，從此過上闊太太的日子，可結婚不到兩年半，和老公的一次爭吵就打碎了她的「豪門夢」。那個曾在教堂裡當著上帝的面說要愛她一輩子的男人就只說了一句話：「沒有我，你怎麼活？」

賈婷被嚇著了，她既不敢告訴父母，又沒有能力拔腿就走。有那麼一段時間，她是絕望的。

很多時候，絕望自有絕望的力量，就像希望也有希望的無能。

經過了一個星期的激烈心理掙扎之後，賈婷下定決心：搬離這裡，出門找一份工作。她找好姐妹借了錢，然後從打字員開始，先後做過祕書、促銷員、收銀員，後來透過努力，獲得了一份證券交易所的工作，並逐漸展露出在股票投資上的天賦。

三年之後，她自立門戶，變成了「賈老闆」，而不再是「那個嫁入豪門的同學」。

她說：「女人終歸是要靠自己努力，就算頭破血流也心甘，就算傷筋動骨也心安。」是這樣的。**當你把命運依附在另一個人身上時，你註定會淪為一個為愛患得患失的女子。**

殘酷的現實是，自認為很真摯的相愛，結果大半都輸給了門當戶對；小家碧玉嫁入豪門權貴的夢想，最終大部分都是以惡夢收場。

我的建議是，不論遇見了如何心動的戀人，不論他何等的富貴，你都該問自己這樣幾個問題：沒有他，你該怎麼活？離開他，你是否能養活自己？除了他，你能不能再愛一次？

有一種備受詬病的人生哲學叫「狡兔三窟」，我倒覺得特別適合面對愛情的女性。**狡猾的兔子知道用三處藏身的洞穴來躲避生存的危機，聰明的你也應該給自己備足資源，以降低人生的風險。比如有錢、有顏、有才、有趣、有情調。**

這樣的你，即便某天失去了他，也依然有能力重啟人生。

我擔心的是，別人家的男朋友正浪漫滿屋地表白「不是沒你不行，而是有你更好」，而你家男朋友卻在嘀咕「有你也行，但是沒你更好！」

04

我問那些在戀愛中很安心的女生：「你怎麼就敢放任你男朋友在外面玩，不傳訊息，也不電話聯絡？」

她說：「**他不忙了自然會聯絡我，忙的時候，我就是打擾；如果不忙的時候也不聯**

給我，那我有什麼理由聯絡他呢？」

其實她沒說的是：「我有自己的事情，我有自己的興趣愛好，我有自己的交際圈子，我有自己的奮鬥目標。我們心照不宣的是：有事就聯絡，沒事就各忙各的。」

我問那些在分手之後很灑脫的女生：「去挽回一下吧，萬一還有餘地呢？」她說：「他既然決定要離開我了，那必定是已經準備好了理由，我又何必聽那些冠冕堂皇的藉口呢？」

其實她沒說的是：「我自己很漂亮，我有養活自己的能力，我有能力再去愛一個人。不是真心給我的愛，我也不稀罕。」

對女性而言，好看的妝容，得體的穿戴，有品味的生活，談得來的圈子，充足的物質保證，這些才是對抗這個殘酷又現實的世界最可靠的鎧甲，遠比男人們忽冷忽熱的問候、忽遠忽近的關懷要有用得多。

別一遇到感情問題，你就噘著嘴巴哭鬧：「你從來都沒有給我安全感！」安全感不是別人給的。就算你一天二十四小時纏著他，就算電話簡訊不間斷，就算你霸占他所有空閒的時間，就算你摸清他全部的行蹤，也依然得不到安全感。

安全感來自於你自身的強大，來自於內心的獨立和自足。就像早上拉開窗簾看到的陽光、走在繁華路口看見的紅綠燈、查看銀行戶頭時看到的充裕餘額、玩手機時上面顯示的滿格電量……

所以，不要再厚著臉皮地去懷念那個放棄你的人，也不要真的跑到他的面前說「謝謝」，他根本沒做什麼讓你成長的事，讓你成長的是你的反思、堅強和努力。

再說了，笑笑就能過去的事，何必把它弄得人盡皆知？

來吧來吧，對那個枉費過你付出真心的人說最後一句話：「我現在可是過得好得不得了，耶！」

THEME 08

沒有公主命，就別一身公主病

01

週末的下午，我和桌子小姐去喝咖啡。咖啡館裡人很多，但都很安靜，大家各自「霸占」一塊地盤，或看書、喝咖啡、玩手機，或小聲聊天，又或者裝文藝。

突然，一陣尖銳笑聲打破了咖啡館裡的寧靜，緊接著是一個聲音嗲嗲的女生在講電話：「你說來接人家的，我都等你五分鐘了，你怎麼還沒到？不行，你要到咖啡店裡來接我，在外面那叫等我，不叫接。不好停車是藉口，你要是愛我，就必須進到店裡來！你要是不進來店裡接我，以後都見不到我了！」

掛完電話之後，她就氣鼓鼓地從吧臺取走了咖啡，然後「噔噔」地踩著高跟鞋，在靠窗的位置坐下了。

大約過了七、八分鐘，嗲嗲的女生又接了一個電話，之後，她不顧形象地大吼了一聲：「你滾！我再也不想見到你了。」然後，掛了電話，一個人在角落裡嚶嚶地哭。

想必你也猜得出來，電話的另一頭是個男生，大概是找不到停車位，又或者塞在路上需要她再等一等。

被攪了安靜喝咖啡的興致，我和桌子小姐面面相覷。她低聲對我說：「好佩服這樣蠻不講理的女生啊！這麼滄桑的臉，居然也還敢這麼鬧脾氣！」

我笑道：「你們女孩子不都想做公主嗎？扮一扮柔弱，賣一賣萌，撒個嬌，發嗲一下就可以有人接送，吃喝不愁，就像擁有了二十四小時的管家服務，多划算！」

桌子小姐反擊道：「拜託，這哪裡是公主，明明是公主病。你看外面，道路塞得像停車場似的，開進這條街來都困難，哪還有停車的位置？從這裡下樓走到另一條街，最多就二百公尺，為這個把週末的約會弄沒了不說，男朋友都有可能沒了。再說了，真正的公主怎麼可能會不顧形象的大笑和大哭？怎麼可能會不顧及他人感受、不在乎場合的大吼大叫？」

細想一下，真是這樣。她只是想能夠永遠像小孩子一樣被遷就，卻不願意承擔一點點遷就對方的責任。

可是，哪個男生願意當「傭人」、「心理醫生」和「出氣筒」的複合型倒楣角色呢？他找的是戀愛的對象，不是領養一個孩子，憑什麼既要照顧你的身體，照顧你的胃，同時還得對你的情緒全方位二十四小時負責？

想要過公主一樣任性的生活，這並沒什麼問題，但前提是，這不應該成為他人的負擔。如果你生在深宮內院，大可以要風得風，要雨得雨。倘若哪天對廚子不滿意，就把桌子上的盤子都摔碎了，然後跟你那個有權有勢的老爸告狀，讓廚子瞬間消失；如果對戀人不滿意，大可以提著蕾絲連衣裙，踮著腳尖走出大門口，然後坐上專屬的豪華馬車，絕塵而去。

可如果你只是普羅大眾，如果你連獨立生活的勇氣和本事都沒有，又哪來的資格胡鬧、刁蠻、任性呢？

怕就怕，你沒有公主命，還一身的公主病：自己長得貌不驚人，還對別人挑三揀四；自己賺的錢都養不活自己，還嫌貧愛富；自己老得都快成「聖女」了，還天天說那些相親對象是奇葩，還動不動就自稱「像我這樣優秀的人……」

你那麼喜歡童話，想必你也知道，假公主一般都沒有什麼好結局的吧！

別人加班加時的工作，你連一句關心都沒有，自己受了點委屈，就要求別人千里萬里奔赴而來送溫柔體貼；別人忙翻天的時候，你連個吃飯地點都懶得選，自己過生日了，就要求對方能像七十二變的孫猴子那樣變著花樣取悅你；別人公務繁忙，你連家務都懶得打理，自己一個人的時候，恨不得連水龍頭都擰不動。

是的，你是女孩，是應該好好愛自己，可是基本的自理、基本的義務可不能打著愛的名義轉嫁給別人啊！

這樣的你，在生活中只會是個糟糕的朋友，在感情中只會是個可怕的累贅！

偶爾任性一下，也許他還覺得你挺可愛的，覺得你「天真無邪」，但如果天天如此，他能記住的只是你的無理取鬧，到最後，恐怕他對你最大的心願只會是「哪邊涼快哪邊待著去」。

親愛的，你的命真的很好，也有機會遇到一個王子一般的好男人，但是請你別忘了，能二十四小時侍奉公主的，那是奴僕，王子只管風花雪月的那部分！

如果你堅持非要胡鬧，非要任性，一定要試探他的底線，那麼你一定能如願以償地失去他，然後重新回到沒有愛情的生活中去。

02

前幾天，樂樂突然傳訊息給我，說她男朋友跟她提分手了。一問才知道，是她自己造成的。樂樂本來和男朋友約好週六一起去爬山，結果男朋友的媽媽因為胃病突然犯了，爬山計畫便取消了。結果不懂事的樂樂開始發脾氣，她說自己計畫了一個禮拜，買了一堆食物，發完牢騷之後，她生氣地掛斷了男朋友的電話。就在她以為男朋友會專程來哄她的時候，等來的卻是男朋友的「分手簡訊」。

我對樂樂說：「你太胡鬧了，他媽媽生病了，當然去不了啊！」

樂樂說：「我也就是發個牢騷，也沒真的怪他，他怎麼就提分手了呢？」

我反問道：「你平時是不是老是提分手？」樂樂點點頭。

我補充道：「有的事情是要說出來的，不要等著對方去領悟，因為對方不是你，不知道你的善意或者傷心，若不說，等到最後只能是兩敗俱傷，尤其是感情。」

我們身邊總有一些女孩打著「愛」的名義胡作非為，這是非常不明智的。十五、六歲之前，你尚且還可以在家裡跟爸媽生氣，可以跟好朋友撕破臉皮，可以把自己鎖在房間裡誰都不理；十、七八歲時，你也可以跟初戀生莫名其妙的氣，可以為了暗戀而賭氣地罰自己在雨中淋得像個落湯雞……

可你一旦過了二十歲，就該懂事一些了，既要照顧好自己，又要控制好情緒。不能在最美的時光裡任由自己變成一個胖子，也不能讓自己在失控的情況下做出什麼丟人的事情來！

你已經是個大人了，不能再藉著有人疼、有人愛的名義拒絕成長，畢竟沒有誰能保護你一輩子，也沒有誰能對你的無理取鬧百般縱容。

請你謹慎一點，畢竟四海之內不可能都是你的朋友，還有可能是你後母！

也許，愛你的人會哄你，向你道歉，送你禮物，最後掏空心思地把你哄好，但他的內心深處，其實正經歷著一場浩劫。他越是討好式地愛你，這場浩劫越大，他也越疲憊。

別以為你的胡攪蠻纏、肆意妄為是可愛，真正能稱得上可愛的，不是這些幼稚和不講道理，而是你本性裡留存的、極易耗盡的純真！

要記住：不要讓未來的你討厭現在的你。人不能太任性，因為你現在所做的一切都是在為未來的自己做準備。如果你真想任性，那最好是擁有能任性的資格。比如你對長相無所謂，首先得有一張好看的臉；對錢無所謂，那最好是不缺錢；對身材無所謂，那起碼不能太胖；對成績無所謂，那至少成績不能太差勁。

已經擁有了，你才有資格說不在乎、無所謂；做出了成績，才有底氣發脾氣、談條件，最後才有資格去提要求，去強調感受和自尊。

換言之，你要有為自己的任性買單的能力！

自身條件不如別人，要麼就好好鍛鍊，培養氣質，然後慢慢地改進自我；要麼就學會練就一顆大心臟，吃得了白眼，承受得住落差。

要麼，你強大到可以獨自收拾好生活，要麼就等著被生活收拾。青春就是這麼簡單又冷酷。

如果非得被人說三道四，非得遭人非議，我希望有生之年，你是這樣被人說道的：「你怎麼瘦成這個死樣子？」、「你不就有幾個臭錢嗎？」、「有個好老公了不起啊？」

03

網路上有個很紅的對話。男生問女生：「你說什麼樣的人會得公主病呢？」

女生回答：「沒別的，不是醜，就是窮。」

男生又問：「那有錢又漂亮，脾氣又不好的呢？」

女生白了男生一眼，說道：「那本來就是公主，不叫病。」

是的，公主病不是誰都生得起的。好身段、好臉蛋，同時擁有隔著二十六層棉被還能感受到豌豆的嬌貴出身，否則的話，你和「公主」真的很難扯上關係。

實際上，你是公主，還是患上了「公主病」，從根本上來說並不取決於你有沒有遇見那個對的人，不取決於他愛不愛你，不取決於他願不願意待你溫柔，也不取決於你是否擁有唐朝公主那樣高貴的出身和端莊的面容。它僅僅取決於你是否足夠強大，強大到能夠獨自擔起公主般閃耀的、自律的、規範的人生。

公主命可能是生來才有的，但是女王的氣場是可以後天修練的！即便是含著金湯匙出生，奮鬥這種事情也是不能鬆懈下來的！

靠爸媽，你可以成為一個小家庭的公主；靠男人，你可以成為大家庭的皇后；但如果你靠自己，就可以為自己加冕，成為女王！

所以，不要在花樣年華裡堅守什麼「公主般的信仰」，**也別聽信「別低頭，王冠會掉」這樣的鬼話，該低頭你還得低頭，該吃苦你就得吃苦**。翻翻自己的錢包，它還空癟；照照鏡子，裡面的人很落魄。你本來就不是公主，哪裡還需要擔心什麼王冠掉不掉呢？

唯有能在最好的年華裡吃得了苦的人，才可能在未來的某一天遇見和你一樣優秀的王子；唯有能把腰深深彎下去的人，才可能有朝一日把王冠撿起來戴上。

有人說，每一個內心強大的女性背後，都有一個讓她成長的男孩，一段讓她大徹大悟的感情經歷，一個把她逼到絕境，最後又重生的蛻變過程！

我有點疑惑，為什麼啊？你明明可以透過努力讓自己強大，透過讀書讓自己有智慧，透過思考讓自己深刻，為什麼非要與幾個臭男人執迷不悟？

經歷確實可以助推你去成長，但沒有經歷你也要成長啊！南牆旁邊有個大門你不走，偏偏要撞得頭破血流，然後還在那抱怨時運不濟、命運多舛，真是好笑！

我的建議是，**不要像個落難者，告訴所有人自己的落魄和寂寞。總有一天你會明白，**

難過的事情都要靠自己消化，難忘的人都得靠自己放下。

趁著還年輕就好好照顧自己的臉，努力養肥自己的錢包，而不要逢人就說曾經如何如何得意或者悲傷，以及現在怎樣怎樣灑脫或者失望。真正能理解你，真正願意替你化解問題的人沒有幾個，他們多數只是站在他們自己的立場，說冠冕堂皇或言不由衷的風涼話。而你要做的就是把祕密、傷痛都藏起來，然後一步一步地讓自己厲害起來！

變厲害就意味著，曾經因為一點風吹草動的小事就能多愁善感，到如今，即便是翻山越嶺，你單槍匹馬也應付得來。這樣的你，別說擰瓶蓋了，消防栓都不在話下！

THEME 09

吃虧是福？那我祝你福如東海

01

因為工作的緣故，結識了一個特別厲害的女生，暫且叫她Z小姐。

Z小姐是一家出版公司的營運總監，手下帶著三十幾人的團隊，每年出版近百種暢銷書。除此之外，她還開設了各類的付費指導班和相關付費諮詢服務。也就是說，每天她需要處理的人際關係非常複雜，找她問天問地的人不計其數。而Z小姐的厲害之處在於，她很忙，卻一點都不亂，談合作一次比一次順暢，辦事情一件比一件俐落。

一來二往，就難免從旁人那裡聽來一些關於Z小姐的傳說：比如，有人想請她吃飯，她第一句話會說：「有事說事，吃飯就免了。」如果那人依舊不依不饒，那她就會直接封鎖；有人說要找她合作，在通訊軟體上跟她要手機號碼，她第一句會說：「談合作可以，先線上裡告訴我合作的方式和你目前的計畫。」如果那人磨磨唧唧不肯說，又或者含含糊糊說不清楚，她就會直接封鎖。

還有一類人，不是凌晨三點多打電話給她，就是一開口就堆滿讚美之辭，她一概視為騷擾電話，隨後迅即封鎖對方。

關於封鎖這件事，Z小姐的解釋是：「這世界已經足夠複雜了，我需要的是最簡單直接的人際關係。一言不合就封鎖，此乃快樂之本也。」

我問她：「封鎖的頻率這麼高，難道你不怕得罪了客戶，也不擔心失去一些合作機會嗎？」

她告訴我：「以我這幾年的經驗看，那些一開口就是請客吃飯，首次見面就沒完沒了地戴高帽子的陌生人，無非是想得到免費的建議，想獲得與他自身實力不相配的平臺而已，而那種大半夜打電話要來洽談合作的人，他連基本的人情世故都不懂，又哪有什麼合作可談呢？」

她頓了頓，補充了一句：「凡是第一印象讓人覺得不舒服的人，以後合作或者相處，十有八九會麻煩多多。還不如一開始就撇清關係，省得來日互相折磨。」

你看，活得快活的人往往都不會費盡心思地討好別人，更不會小心翼翼地經營自己的社群媒體，他們懶得去猜測別人話裡的弦外之音，也不擔心自己的所作所為會得罪誰。**他們要的是知己一二，不是無數的泛泛之交。他們早就習慣了別人的忽冷忽熱，也看淡了任何人的漸行漸遠**。

他們在自己的生活裡活得足夠專注，所以根本就不會把精力消耗在他人的眼光裡。他們選擇用最簡單的方式去打理社交圈子，最終獲得了充裕的時間、精力去和喜歡的人在一起，去做真正有意義的事。

這讓我想起了作家嚴歌苓的一句話：「我發現一個人在放棄給別人留好印象的負擔之後，原來心裡會如此踏實。一個人不必再討人歡喜，就可以像我此刻這樣，停止受累。」

真是這樣的。**尤其是當你不那麼在乎別人對你的評價，當你學會了合理地拒絕別人，當你知道以牙還牙的時候，那些人反而會尊重你，甚至會覺得你更有價值**。

所以我的建議是，不要為了迎合一些無所謂的人，而讓自己過得身心俱疲。你的善良、溫柔、耐心，甚至是才智、禮貌都是有限的、價值不菲的，要留給那些真正重要的人，方能顯得珍貴和有意義。

怕就怕，你一直在放低姿態，生怕做錯了什麼惹別人不高興，擔心少做了什麼讓別人不滿意，然後用忍耐、嘀咕、妥協、退讓、疲勞等讓自己吃虧的方式，去養活一大批按讚之交、點頭之交。結果那些人一直輕視你，一直麻煩你。你費盡心思地把所有人都逗開心了，自己卻忘了該怎麼笑。

就算你把自己累垮了，也不會得到那些人真正的關懷、在乎或者感激。因為在那些習慣了麻煩你的人看來，你幫別人也都幫了，又不是只幫他一個。

02

在每個人的身邊，多多少少都有幾個臉比洗手盆還大的人，他們看準了你特別好面子的弱點，所以清楚地知道你不會拒絕他，於是就沒完沒了地麻煩你。

朋友芊芊就曾遇到過這種人。芊芊是個插畫家，本想賣掉自己的蘋果電腦再換一臺性能更好的，於是就在二手網站上刊登轉售訊息，很快就有人出價七千人民幣。就在芊芊準備寄貨的時候，她收到了朋友L的私訊，幾句寒暄之後，L對芊芊說：「你把那臺蘋果電腦轉賣給我吧，給個友情價，五千怎麼樣？」

芊芊一百一千個不願意，可想拒絕又開不了口。這時候，L開始軟磨硬泡起來，說什麼「未來的插畫大師，不要和窮朋友計較」、「我們關係這麼好，以前學校還是同桌」、「我之前不也幫過你」之類的。

芊芊終究還是把電腦賣給了L，除了超低價格之外，芊芊還負責送貨上門，因為L說了：「你幫我送過來吧，反正你有車。」

在送完電腦回家的路上，芊芊卻突然發現，她賣電腦的錢加上自己的積蓄，根本就買不起新電腦，可工作進度又不能落下，芊芊只好厚著臉皮向家人開了口。

就在芊芊以為這件事到此為止的時候，L卻接二連三地來找她，要麼是軟體相容性問題，要麼是帳號登入問題，芊芊儼然成了L的私人祕書兼售後服務專員。

最讓芊芊惱火的是，L在某二手網站看見了另一臺二手電腦，報價只有三千元人民幣，她居然把連結傳給了芊芊，並說道：「我還以為占了你兩千元的便宜，原來是你占了我兩千元的便宜。」

芊芊氣得就差罵人了，她在L傳來的連結裡找出了這臺電腦的出產年份、使用年限、受損情況等折價原因傳給了L，最後說了一句「不要得了便宜還賣乖」，然後直接把L封鎖了。

其實，大多數人的生活中，本來是沒有什麼太強勢的人，是你的軟弱誘發了別人的強勢；本來沒有什麼不講理的人，是你的沒原則激發了他的無禮。

在那些不怕麻煩別人的人看來，朋友就是用來幫忙的，就是用來解決問題的，就是用來省錢的。以致逢人就炫耀「我的朋友現在在某國企當老總」、「我去哪個城市都有人接待」、「這種事就得找朋友啊」。

要我說，這樣的人根本就不配提「朋友」二字，因為他要的只是「折扣價」、「招待所」和「祕書」。

過分的是，他們享受著別人辛苦提供的種種好處，還自以為別人的幫助是理所當然的事，就好像他把別人當朋友，別人占了他多大的便宜似的。

無論是談戀愛、交朋友，還是做生意、談合作，只有付出更多的那一方才有資格表現出慷慨大方，就像他在對你說：「隨便吃，隨便買，隨便花，隨便拿。」

反過來，如果那個人總是占你便宜，然後不知道感謝還底氣十足地跟你說「朋友之間不必計較」，對於這樣的人，你不封鎖他，要留著生利息嗎？

對於這樣的人，能遇見算不上福氣，能錯過才是。

實際上，那些值得深交的朋友，是不會為了一己私利去為難朋友的。他們談事情不拐彎抹角，再見面時不刻意寒暄，交流時各盡其詞，需要幫忙時儘管直說，嫌人礙事也不找藉口……沒有那些浮在表面的彬彬有禮，也不會在內心深處層層設防。

教你實用的一招，**如果再有人告訴你「吃虧是福」，你就祝他福如東海！**

03

「一定要給別人留個好印象」，這是當今社會的一種流行病，在坊間又稱「體面癌」。**體面癌其實是心靈脆弱的表現，所以潛意識裡要靠取悅別人、犧牲自己來維持情誼和禮貌**。這也解釋了「為什麼你盡心盡力地做了一個好人，但仍然覺得自己是 Loser

的原因」。

無論誰來拜託你一件事，你都會辦得妥妥的，比自己的事情還認真，甚至覺得是本分；可一旦你自己遇到什麼困境，卻從來不會找人幫忙，**你說是不願意欠人情，其實是怕沒人會真的幫你**。誰皺個眉頭你都覺得緊張，怕是自己惹到了別人；一聽到別人說「抱歉」就心軟，甚至覺得自己生氣都是在跟他計較。

為了成為別人眼裡的好人，你對誰都維持著很說得過去的禮貌，早出晚歸都熱情洋溢地跟人打招呼，節假日都備足了祝福的訊息和數量可觀的紅包，可每個落寞時分，你都不知道該找誰吐吐苦水。

你的每則貼文都有很多人按讚，每張照片都會被人讚美「親切」；你手機裡有幾百個連絡人，可似乎誰都沒有走進過你的內心世界。

你小心謹慎地維持著「好人」的形象，同時又難堪地吃著種種暗虧。然後，一邊受盡折磨，一邊又自我催眠，說什麼「吃虧是福」。

可是，吃虧之後增長見識，再從中汲取教訓，最後產生行動上的改變，才能勉強稱「吃的虧」為「福」，可你只是在吃虧，卻不長記性，純屬「死要面子活受罪」。

很多時候，你本該要亮出獠牙、做一個狂嘯森林的野獸，可卻偏偏藏起了爪牙，活像一隻短腿的萌寵。那你說，不玩你玩誰？

作家張德芬曾說，如果有人以你不喜歡的方式持續地對待你，那一定是你允許的，否則他只能得逞一次。這句話也解釋了「為什麼別人越來越不把你當回事」的原因。就是因為你太好說話了，什麼事情別人一找你你就答應，什麼東西別人一要你就給。久而久之，別人習慣了你的不遺餘力，也就不會再對你見外和感激了。

同樣的道理，**當別人向你道歉時，你要說「我接受你的道歉」，而不是「沒關係」，因為你說「沒關係」會讓他們覺得「麻煩你沒關係」，然後接著還會持續地麻煩你。**

善良、慷慨、大方固然是要有的，體面的心理也確實需要給予照料，但該拒絕的時候也一定要果斷。

如果你每次都是盡一百分力地幫別人，當有一天你的能力只夠幫他八十分了，他便會清空你所有的恩，寧願選擇只幫他七十分的人做朋友。「一粒米養恩人，一石米養仇人」，說的就是這個道理。

換句話說，**一個人吃虧的次數太多，別人就會覺得你吃多少虧都是應該的。就算你**

被折騰得精疲力竭，就算是到了快撐不住的時候，也沒人在意，因為在他們眼裡，這些都是你自願的，也是你力所能及的。

體面癌患者最深的恐懼，就是對他人意見、態度的畏懼。一旦克服了這種恐懼，摘下了「濫好人」的標籤，你就不再是一隻萌寵，你會搖身一變，變成一頭驕傲的獅子。你斬釘截鐵說出的「不」字就像是獅子的怒吼，那也是自由的怒吼。

對於那些煩人之人，不用虛偽地陪笑，也不必孩子氣地公開撕破臉，而是帥氣地保持一個「老死不相往來」的距離。

你走你的紅地毯，我過我的斑馬線。嗯，就這樣！

到末了，你會慢慢發現，茫茫人海中，就數討厭自己的人最討厭！

THEME 10

能花錢搞定的事，就不要欠人情

01

高中同學娟子在群組裡吐槽。

娟子上個月升級做了媽媽，而且生的是龍鳳胎，她一個人忙不過來，就請了一位月嫂，薪資六千人民幣。月嫂很出色，可才做了一個星期，月嫂就被娟子的大姨替代了。大姨剛退休，聽說娟子花錢請人照顧小孩，就馬上熱情地上門幫忙，「我免費服務」。

娟子開始有些猶豫，說是怕大姨累著了，其實是怕她不專業，但最終還是被大姨的「免費服務」打動了。

大姨接班之後，娟子的煩心事就開始接二連三地出現了。健忘的大姨要麼是忘了幫小孩換尿布，要麼是泡牛奶的水不夠熱，再不就是抱小孩的姿勢不對，兩個孩子成天地哭鬧。最讓娟子不安的是一個晚上，娟子被刺耳的哭聲驚醒了，她進門一看，兩個孩子正嚎啕大哭，而大姨卻在一旁，睡得很沉。

除了照顧孩子，大姨經常性地「指導生活」也讓娟子心裡很難受，比如「想當年，我……」、「你表哥小時候……現在不也一樣身強體壯」、「你不能那樣……」、「你得這樣……」

身心俱疲的娟子說：「被人照顧居然都可以這麼累，我真的是被大姨徹底地打敗了。可她是我大姨，而且還是來幫忙的。所以無論她做得多糟糕，我都不能表現出半點情緒，還要心存感激地記得她的好，並且要耐心地聽她的指指點點，否則就是不仗義。哎！這日子實在是太難熬了。」

群組裡另一個女生回覆她：「這些難熬也都是你自己選的。當初本來可以用錢解決的事情，你自己選擇了欠人情，乍一看是省錢了，但實際上是揹上了許多麻煩。」

娟子傳了一個委屈的貼圖，跟著說：「別事後諸葛了，快教教我該怎麼辦？」

女生答道：「再把月嫂請回來吧！**可以用錢解決的事情，用錢解決就是最好的選擇。**

月嫂不僅專業、可靠，而且不用還人情。」

我默默地在心裡為這個回答問題的女生按了個讚。

要我說，天上就算真的掉餡餅，也會馬上再掉一個催你買單的；即便吃到了免費的午餐，那晚餐你就得付雙份的價錢。

愛貪小便宜是多數人的共性，最初你以為能夠「撿個便宜賣賣乖」，但結果往往都是「偷雞不成反蝕把米」。

比如你馬上要搬家，樓門口明明就貼滿了專業搬家公司的電話，你卻視而不見，偏偏要去找親戚朋友幫忙，逢人就炫耀「我人緣好」，可是不專業搬所運造成的損毀，你根本就無法討回，更關鍵的是，你因此而欠下的人情，很可能在未來的某一天變成一個更大的包袱，需要加倍償還。

比如你要去機場，明明叫車這麼方便，你卻不當回事，非得讓某某來接送，你底氣十足地認為「我們關係好」，可接送途中的風險，又該誰來負責？來來回回的時間和經濟損失又該誰來買單？一次、兩次尚可情有可原，但三番五次找人幫忙，那絕對是你在自作多情。

你所謂的「我人緣好」、「我們關係好」，無非是想用「不花錢」的方式把事情辦了。從本質上說，這就是貪便宜。

我想提醒你的是，你貪的便宜越多，意味著欠下的債越多，它一定會在未來讓你失去更多。你閉著眼睛想一下，所有你真正擁有的東西，是不是都是在付出了相應的代價之後才擁有的，其中金錢很可能是最小的代價。

在這個過分平和、過於友善的年代，我們需要培養的是純良的僱傭關係。比如，我付五十塊錢，你幫我好好剪個頭髮；我付兩百塊錢，你給我一個清湯火鍋和三盤肉……真的不需要幫我打個幾折，然後讓我醜得驚為天人，或者吃得噁心巴拉的！

02

所有你欠下的人情，很可能都要以「讓你做感到為難的事」來償還。

半年前，朋友L總會晒一些鮮花照，她僅是晒照片，不是賣花的。不論是參加同事的生日聚會，還是去看望哪個老師，L總是捧著一捧鮮花，既好看又體面。更叫朋友們羨慕的是，L的家裡也是一年四季鮮花不斷。

原來，L的一個好姐妹是開花店的，兩人自小同桌，後來又一起就讀同一所高中，因此情誼很深。第一次約L來花店時，好姐妹就說了，「我的就是你的，以後你常來，隨便拿。」L倒真沒拿人家當外人，隔三差五就去花店拿花，而且每次都挑最好的。

大約是在一個月前，L的好姐妹要重新裝修花店，她想起L的老公是裝修公司的設計師，就約他們出來吃飯。在飯桌上，好姐妹開門見山地說：「我想重新弄一下花店，大約是這樣……這樣……」。

L的老公在現場也提供了一些專業的建議，同時強調：「你的這些想法最好是先出個設計圖確認，要不然不一定好看。」

L的好姐妹卻接著說：「這不正好是你的強項嘛，你就幫你太太最好的朋友弄一張吧！」

L和她老公當時就愣住了，他們開始以為只是提供一些專業的建議，沒想到還要做設計圖出來。好姐妹不知道做這樣一張設計圖有多複雜和費時間，她以為只是動動手指頭而已。

L沒有拒絕的底氣，只好替老公應允了她的要求，而老公則是全程無言狀。後來，L把老公熬了三夜做出來的設計圖給了她，就只換來了好姐妹的一句「謝謝」。

從那以後，L就再也不去好姐妹店裡免費拿花了。

看似是占了小便宜，然後自以為是地拿人情去買單。結果是，你在別人眼裡掉價了。

我的建議是，如果你想要把日子過得輕鬆一些、簡單一些，那請務必樹立起「有償消費」的觀念。

想吃什麼，就自掏腰包，只要自己負擔得起，就不要想著貪便宜；想做什麼，就不遺餘力，只要是自己能解決的，也盡量不要麻煩別人。

能用錢的時候就盡量用錢，實在不能用錢解決的時候，再用人情。畢竟，你不是唐僧，別人不是你的孫悟空，沒有義務護你西行。

欠了人情，就像是被戴上了枷鎖。欠的人情越重，枷鎖就越牢，等到你意識到被人情所累的時候，就已經到了進退兩難的困境：要麼，你忍受得了被別人不斷打擾的生活；要麼是你和對方撕破臉皮，不但從此面子上過不去，還要背著「忘恩負義」的罵名。

人情這東西，看起來是免費的，其實是最昂貴的，就像高利貸。它可以給你一時的方便，也可能帶來意想不到的負擔。它就像簽了一份沒有期限的協議，你不知道什麼時候就會被要求「幫幫忙」，而且還無法拒絕。因為一旦拒絕，不僅會弄糟事情，還有可能傷害到情誼。

就像是說，「春天我幫你拔了三棵野草，秋天你就應該把收穫的稻子分我一籮筐」。

欠什麼都不要欠人情。錢以外的東西，永遠都還不清。

03

有一種比較流行的觀點認為，交情是互相麻煩出來的。以致有人會說，「雖然我請他教我開車，但是我記得他的好」、「雖然每次都是他請客，但是我們是好朋友」、「雖然借了他的車來開，但是我還的時候都很認真地洗過」……

在我看來，交情是需要有來往，但不見得非要用麻煩的方式。說這話的人只不過是占了便宜，欠了人情，然後替自己找了一個冠冕堂皇的臺階下罷了。

可你要記住，出來混遲早是要還的。

人情和錢財一樣，用一點就少一點。所以我的建議是，人情要用在刀刃上，如果你三天兩頭都在用，金剛鑽也得被你磨壞了。

別動不動就找別人幫忙，再好的運氣也有用完的一天。到那時，你既沒有解決眼前麻煩的能力，也同時埋下了日後無窮無盡的麻煩。

反正我是這麼覺得的，那些一到聚會結帳就上廁所，或者錢包掏半天都掏不出來的「聰明人」，這輩子基本上也不會有什麼出息。

你想學車就去駕訓班，你想考證書就去培訓機構，而不是成天在絞盡腦汁地想著如何請朋友幫忙；你想學吉他就去找個專業老師教學，你想學鋼琴就去報名鋼琴課，而不是厚臉皮去找業餘水準的親戚指點一二。

用厚臉皮的方式去討資源，其實是沒遠見的表現。看似是省錢了，但實際上它既浪費了別人的時間和精力，也消耗你自己的機會和熱情。

別人花錢獲得了優質的資源，然後突飛猛進，而你卻在以浪費時間、虧欠人情的代價換了一個粗糙、不專業的輔導。

你可能不服氣，說：「我就是因為沒錢才這麼省的」。

真是這樣嗎？你敢不敢再看一遍自己這個月的消費紀錄，那些亂七八糟的、買完之後發現根本就用不上的東西加起來，一定夠你學好幾門樂器了吧？

所以**你的當務之急是努力提升自己，好好賺錢，而不是用高估自己人脈的方式去省錢省力**。

竊以為，新時代的大善人，不是「我讓你占盡便宜」，而是「你別占我便宜，我也不占你便宜」。

當初本來可以用錢解決的事情，
你自己選擇了欠人情，乍一看是省錢了，
但實際上是揹上了許多麻煩。

所有你欠下的人情，
很可能都要以「讓你做感到為難的事」來償還。

THEME 11

你可以愛一個人到塵埃裡，但沒有人愛塵埃裡的你

01

三個禮拜前，橘子小姐在社群媒體上曾引爆過一次話題。她發的是：「上天待我何等仁慈，我簡直都想懷疑，我是不是它的私生女。」

我一看這就是有故事了，便私訊她：「這是走了哪門子好運，讓你得意忘形到要懷疑自己的親爹親媽？」

她回我：「老天爺賞賜了我一個近乎完美的男生，就好像是遇見了命中註定的那個人。」

據橘子小姐交代，在遇見這個男生之前，她曾被母親大人拖進月老廟裡求過姻緣，

她自己也去數了五百羅漢，在她看來，這場遇見就是上天的旨意。為了讓這份冥冥之中已經註定的緣分更踏實一些，橘子小姐選擇在生日那天和男生見面，她天真地認為：「老天的旨意之外，再加上一份生日願望，連著我們的紅線就多上了一把鎖！」

然而就在昨天，她私訊我，「你得陪我聊聊，我怕我得憂鬱症。」一問才知道，那個男生對她越來越冷淡。

隨後，橘子小姐傳了幾張和這個男生聊天的截圖給我，我一看差點沒氣得摔手機——這哪是聊天，完全就是一個小丑在沒有觀眾的劇場裡表演。

比如橘子小姐傳了幾張美美的自拍照給他，他就回覆一個「微笑」表情；橘子小姐傳了一大段今天遇見的開心事，他就回覆一個「呵呵」；橘子小姐主動約他看電影，他不是說沒時間，就是說那個電影不喜歡；橘子小姐將自己親手做的壽司送到他公司門口，他居然說自己不在公司，而橘子小姐從他同事那裡打聽到的事實是，他正在辦公室裡打手遊。

最讓我生氣的是，橘子小姐還以哀求的語氣說：「既然你那麼忙，那一個月之後，給我一個機會請你吃飯吧。」而男生的回答是「再說吧」。

即使這樣，橘子小姐還是每天堅持找他聊天，分享笑話給他。我問她：「都這樣了，你還有心思講笑話，你自己都快成笑話了。不封鎖他，難道要留著過年嗎？」她說她不甘心，她依然還相信他是自己命中註定的那個人。

就在我準備用「你會遇見更好的」、「他看走眼了」這些話來安慰她的時候，她傳過來這樣一句話，差點沒把我嗆著：「那你說，我還請他吃飯嗎？」

「當然不啊，拿請客吃飯的錢去買一套漂亮的洋裝吧！」

他已經把你內心的彎彎繞繞都撕得粉碎，你居然還奉上自己難以自控的卑微，深情款款地說：「你看看啊，我變成了你喜歡的樣子。」

很多女生其實本身就很優秀，工作上進，遇事果敢，平時總是一副無堅不摧的樣子，可一旦遇見了心愛的人，就馬上變成了毫無主見、智商為零的小女生。她們甚至都知道對方沒那麼愛自己，可是也絲毫動搖不了她們繼續卑微下去的決心。

她們共同的心聲是：「他不愛我也沒關係，只要能站在你身旁，即使只能看著你的側臉也是幸福啊。」

實際上，你對他的每一次低聲下氣、曲意遷就，都是在為他離開你搬磚鋪路！

一個人不要命地對另一個人好，不到徹底地寒了心，一般是不會知道什麼叫「自作多情」的。

可你要明白，愛情若不是兩情相悅，那必有一人淪落荒野。如果雙方都是內心傲慢的人，那還算好事，大不了讓這份愛蛻變為「互相指責」的角力場。可如果戀愛雙方是一個高高在上，另一個卑微至極，那這場戰爭將會殘酷得像一場大屠殺。

所以，**別再信「不放手的才叫真愛」這類話，不放手的那叫「可笑」。而且你還要知道，你死不放手的樣子真的好醜！**

遇見一個人，看起來很好，也完全是你想要的那一類人，但那絕對算不上「命中註定」。真實的愛情其實和憧憬沒關係，就像你本來是一棵蘋果樹，就算再怎麼憧憬結柳丁，但還是得誠實地結出蘋果一樣。

若他愛你，不必討好；若他不愛你，更加不必。

你只是需要一點點決心和一點點時間來熬過那段陰冷的日子，之後你就會發現，他很醜，也很普通。

要我說，你只是倒楣，不是可憐，所以你需要吻很多隻青蛙，才能吻到一個王子。

02

社群媒體裡有個濫好人，我把她備註成「二姑娘」。二姑娘是那種你把她家的米都借光，她餓肚子餓一個月也絕不向你討要的那種「好人」。

二姑娘其實各方面條件都很不錯，但是對愛情似乎缺少一點「矜持」，以致於追求她很容易，然後她被甩得也很頻繁。

她問我：「戀愛了好多次，為什麼那些男生追到我之後，很快就變得態度冷淡了？」

我說：「那是因為你太好追了，就像是考試，太容易了人們當然不會太當回事，再說了，你考完試，還看書嗎？」

她捂著嘴巴大笑起來，然後又問：「那你說，我遇到的男生，是不是都太渣了？」

我答道：「我覺得他們挺好的啊，問一下，若是不喜歡你還繼續跟你玩曖昧那才叫渣，你捫心自問一下，如果他們誰再給你一點點溫柔的回應，你是不是又覺得自己有機會了？」

「濫好人」小姐就算有滿腔的盛情和善意，也註定會落空。因為你的骨子裡缺愛，

所以輕而易舉就會被一、兩句動人的情話打動，最後還沒看清那人是誰，就一頭栽進愛情的坑裡。

另外一種情形是，你分明知道他不是個好東西，你早就從朋友那裡聽說他劣跡斑斑，情史遍野，但就是被他的壞笑給勾走了魂魄，被他的虛情假意蒙蔽了眼睛，然後還自信滿滿地認為「我那麼優秀，一定有足夠的魅力讓他浪子回頭，此生與我共白頭的。」

於是，你從一個大剌剌的女孩子被逼成了「表演藝術家」。因為害怕相處時冷場，所以有一點點事情，都想第一時間找他說，他回應你一句，你就前仰後合地大笑；因為怕他無聊，所以新電影一上映，都想找他一起去看，他若是推辭說「沒時間」，你還一本正經地安撫他「注意休息，別累壞了」。

你看，你還有什麼資格抱怨命運安排了一個接一個的混蛋給你呢？明明就是你自己面帶笑容地往坑裡跳的。

我的建議是，不論他的情話有多動聽，不論他的笑有多迷人，你都不能急迫地表現出「我好想快點和你談戀愛」的姿態；不論他的家境有多殷實，也不論他的爹媽是何等的權貴，都不該拋棄驕傲，放棄矜持。更不應該在出門前就想好見面的臺詞，或者逗樂人的段子，我怕你的嬉笑太盛，他欣賞不了你的認真。

戀愛戰略應該是這樣的：偶爾主動，經常被動，絕不衝動，就算你蠢蠢欲動，也要假裝按兵不動，那樣才會讓他怦然心動。

愛情是遷就不了的，你再怎麼努力迎合也填不滿這個無底洞。再說了，你翻山越嶺地為了夢想奔赴，披荊斬棘地為了美好生活打拚，怎麼能為一個不喜歡自己的人失去自我呢？

愛情很美，世界也很好，但如果你身邊的人錯了，那你的全世界就都錯了。

特別提醒一下：**封鎖或者分手，決心比什麼都重要，下定決心的人，不動聲色地就一刀兩斷了；而下不了決心的人，就算大張旗鼓地封鎖對方，聲嘶力竭地喊「我們分手吧」，結果沒過幾秒鐘就會再加回來，然後天天在黑夜裡偷哭，真是寫滿了丟人現眼。**

03

討人喜歡是一種本領，它能讓素未謀面的人對你一見鍾情，不管你心裡打什麼主意，人家都信任你。但是，**討人喜歡不等於求人喜歡。討人喜歡是你自帶光芒的天然屬性，而求人喜歡則是你骨子裡流露出來的自卑。**

你要明白，讓你自卑的愛，只能說明兩點：要麼是你愛的對象錯了，要麼是你愛的心態錯了。反正肯定是錯了。

一個姑娘家，成熟的標誌就是在該動腦的時候，不動感情。畢竟，有的人的出現就是來讓你開眼的。所以，一定要禁得起假話，受得住敷衍，忍得住欺騙，忘得了承諾。對方不愛你了，又不是你的錯。

實際上，沒有誰知道自己愛的人哪一天會厭倦自己，但你唯一可以做的，就是使自己具備被任何人愛上的條件——長相、性格、能力，哪樣都行。

切記，不要把厚臉皮當執著。

我想說的是：如果你喜歡的人正在認真地喜歡你，那就不要再去討另一個人的歡心了，因為一個會吃醋，另一個可能心動。

如果你身邊的某個人脫了單，也大可不必著急，而是該認真地問自己兩個問題，一是把別人的男朋友給你，你會要嗎？二是如果你是別人，會和自己談戀愛嗎？

當然了，**對一個人好並不意味著你要扮演一個卑微的角色。如果用盡了一切方法，卻還是無法取悅一個人，那請你馬上離開他。**

你爸媽這麼辛苦地把你拉扯大，可不是為了讓你被一個男生折磨得死去活來的。如果我沒猜錯的話，你爸媽那麼慣著、寵著你，是為了讓你知道幸福是什麼感覺，然後找到那個能給你幸福的人。

對你很了解的那個人，如果他愛你，是捨不得讓你一直難過的。如果明知道這樣做會讓你不好受，他卻還是做了，那麼這樣的故意就不該被輕易原諒。

在這個外表繁華美好的世界裡，一個女孩最該修練的本領就是「當斷則斷」，這是在這殘酷世界行走的必備裝備，跟善良、修養不發生衝突。

當有一天，你不再對他有感覺了，就算他頭戴鳳翅紫金冠，身披金甲聖衣，踏著七彩祥雲，腦門上貼著「蓋世英雄」的標籤出現在你面前，你只會覺得他好笑，甚至懷疑「這人是不是有病啊」。

真實的愛情其實和憧憬沒關係，
就像你本來是一棵蘋果樹，
就算再怎麼憧憬結柳丁，
但還是得誠實地結出蘋果一樣。

愛情是遷就不了的，
你再怎麼努力迎合也填不滿這個無底洞。

THEME 12

你糊弄過去的，早晚會露出馬腳

01

去年年初的時候，公司來了一個胖胖的文書人員，嘴巴很甜，見到誰都「哥」、「姐」地喊，所以大家對她的第一印象很好。可沒過幾天，總監就跟我說：「這員工在履歷裡寫了『三年文書專員經驗』，居然連份ＰＰＴ都做得一團糟，太不可靠了！」

事情是這樣的，總監問她的辦公軟體的熟練程度如何，她自信滿滿地回答：「那太容易了。」信以為真的總監就給了她一份公司年度計畫表，讓她做份ＰＰＴ檔，並且再三強調，三天後的公司年會上要用到。結果第二天，她就交了「作業」，據她說，這是她熬夜做出來的。

當總監打開這份沾滿了「汗水」的ＰＰＴ時，差點沒氣暈過去：這位小姐為一份重要商業報表做出來的ＰＰＴ，前後順序毫無邏輯可言，選擇的圖片更像是在推銷兒童早教機——都是些幼稚的卡通動漫圖案，還添加了很多畫蛇添足的效果，例如在單個頁面上出現了十幾個奇形怪狀的色塊……最叫人生氣的是，公司LOGO被伸縮後變了形，幾乎快認不出來了，項目簡介裡有好幾處明顯的錯別字。結果是，總監自己重做了一份。

一週之後，她被人事經理通知離職。那天晚上，她私訊問我：「老楊，我真的很難接受，也想不明白，我覺得我很努力，前幾年在別的公司當文書，我從來都沒有遲到過，這一次也是熬夜做ＰＰＴ，可為什麼我的努力都得不到認可呢？」

我反問她：「你制訂過工作計畫表嗎？有努力的目標嗎？知道該學習什麼技能嗎？你有三年的工作經驗卻連ＰＰＴ都搞不定，誰會相信你說的『我很努力』呢？」

你所謂的「不遲到」、「熬夜拚命」只是在假裝努力罷了，因為你的努力，只是在使勁，卻沒有進步，就像對牛彈琴，瞎子點燈。換言之，**所有沒有目標、方向、計畫和步驟的努力都只是看起來很努力**。

最讓人尷尬的事情莫過於，公司是因為太愛惜人才，所以才請你走人的！

生活遠比你想像得要精明，它既敏銳，又有心機。如果你不是誠心誠意地對待它，它馬上就能識破你。但它不會馬上拆穿你，而是佯裝出好臉色，陪你出演「假裝很忙、看似努力」的經典劇碼。等到你的青春所剩無幾，好運氣總是對你繞道的時候，它馬上就會露出一張刻薄的臉，戳著你的腦門向世人宣稱：「Loser！」

失意的人總是把失敗的原因推卸給命運，從來不肯面對真實的自己。這也難怪，童話裡會有灰姑娘變公主的幼稚幻想，小說裡也經常出現「富家公子愛上傻白甜」的爛俗片段。

於是，你既不想付出與回報相稱的努力，又想盡可能多地獲得存在感和成就感，就只能靠修飾得很誇張的照片、誇大得很可憐的脆弱來吸引別人的注意、騙取他人的關心同情，以掩蓋技能和形象的不足、內涵和氣質的貧瘠。

你焦慮，為什麼自己明明付出很多，最後卻沒得到滿意的結果？為什麼自己背著行囊，卻怎麼也到不了要去的遠方？你慌張，憑什麼別人的生活總是風生水起，而自己只能抱著過時的筆記型電腦，靠少得可憐的薪水可有可無地活著？

於是，你開始變得憤世嫉俗，從心底瞧不起那些比你好看的女性都嫁給了高富帥；

你變得怨天尤人，將別人比自己成功、比自己好看的根本原因歸結於老天的不公。

在你看來，那些比你好看、比你成功的女性都是靠基因、靠奉承、靠運氣，唯有你自己，純潔得像一朵不染風塵的白蓮花，善良得像一隻懂事的小白兔似的，楚楚可憐。

要我說，一個姑娘家，腦子笨點其實沒有那麼可怕，畢竟水母沒有腦子，也活了六億五千多年。怕就怕，你腦子笨不說，還懶，還醜，還玻璃心，還矯情，那麼我不得不通知你：綜合你的這些症狀，你可能得的不是心理疾病，而是心理殘疾，是治不好的。

02

耶誕節的晚上，在韓國留學的表妹突然傳給我一段語音訊息，我起初以為是節日祝福，聽完了才知道是「吐苦水」。起因是表妹和好姐妹一起逛街，偶遇了一個帥氣的男生，簡單地打完招呼才知道那男生是個英國人。要是以往，她們最多是偷看幾眼就走開了，可這一次，表妹的好姐妹竟然健談得像是歐普拉附體，和他足足聊了半個小時，而表妹只能像個微笑的木偶似的，尷尬而多餘地站在一邊。

那個男生也曾試圖讓表妹加入到聊天中去，但她除了幾個簡單的英語單字之外，根本就無法完成連貫對話。

最讓表妹尷尬的是那個男生問了她一個問題，根本就沒聽懂的表妹只是禮貌性地點了點頭。可男生問的是「韓國一共有多少個民族？」看著好姐妹笑得前仰後合，表妹後知後覺地弄清楚了問題，只能尷尬地、逃也似地離開了。

表妹問我：「為什麼我每次沒化妝的時候，總能遇見帥哥？沒學好英語的時候，又遇見了老外？這次更糟糕，既沒化妝又不會講英語，偏偏又遇見了一個帥得一塌糊塗、講英語的男生。而好姐妹這次卻這麼厲害？」

我回答她：「不要想為什麼有那麼多的不如意，多想想在你該學英語、練口語的時候自己在幹嘛？」

你其實早就知道英語的重要性，也曾報了價格不菲的「一對一」口語補習班，可又覺得「學英語好枯燥」、「學口語用不上」，所以你不是找藉口蹺課，就是打馬虎眼浪費時間——人在課堂上，心在課堂外。

你明明知道年紀不小了，該努力了，甚至「勤奮到」在假期的每一天都分配了學習進度，可是一放假就呼朋喚友、觥籌交錯，一回到家就蓬頭垢面、委靡不振。

這樣的你，就別怪生活為你安排那麼多難堪的、懷才不遇的、遇人不淑的、壯志難酬的、苦不堪言的時刻。畢竟，根據你的努力程度，你目前擁有的已經算是老天能給你的最好安排。

很多人無數次地陷入難堪，原因竟然是驚人的一致：無非是，你僅僅只產生心理上的不斷自責，卻缺乏行動上的立即改變。

更叫人擔心的是，你慢慢地變成了自己討厭的模樣：學習工作上不思進取，不好不壞的；感情上將就湊合，不情不願的；生活上心灰意冷，不清不爽的。然後，你的眼睛裡慢慢失去了光，有的只是你稚嫩卻微薄的青春被一股日漸消沉的欲望抓牢，充滿了慌張、急躁、戾氣和迷惘。

其實，你的所有問題都可以用兩個字概括——「貪」和「懶」。因為貪，你被一些不切實際的想法左右，一遇到問題就手足無措，稍有不如意就負能量爆炸；因為懶，你的生活中充滿了悔恨，要麼是抓不住機會，要麼是慢人一步，反正總是懊惱不已，總是不如意。

你越是急躁，越是賣力討巧，就距離你想要的結果越遠；但如果你暗自使勁，默默堅持，驚喜反倒會悄然而至。你要知道，時間是最公平、最慷慨的裁判，你付出得越多，你得到的就越多。

你將時間撒在哪裡，它就在哪裡開花。

哪怕在很長的一段時間裡，你勤勤懇懇地，卻像被人遺忘了；你孜孜不倦地，卻依然看不到希望。但請相信，只要繼續堅持，只要投入得足夠多，時間就會在將來的某一天，還給你一個特大號的驚喜。

沒有誰是突然變好看的，沒有誰是突然瘦下來的，沒有誰是突然變有錢的，那些中彩券、挖到金礦的事情，還是不要幻想為好。

我想強調的是，命運並不提倡毫無理由的成功，即便是孫大聖，也是經歷了幾千幾萬年的風吹雨淋，才有了那石破天驚的橫空出世。

你呀，談付出的時候那麼吝嗇，好像你已經付出了整個人生；可一談到擁有的時候，又是如此貪心，好像整個世界都對不起你。這樣不可靠的雙重標準，會不會顯得太不要臉了？

嗯，早點去睡吧，夢裡什麼都有。

03

你只看到別人有「小蠻腰」，嫁給了「高富帥」，卻忽略了她在你胡吃海喝的時候正努力健身，在你睡得昏天暗地的時候正拚命地提升魅力。

你只看到別人剛一畢業就進入了外企，拿著高於你好幾倍的薪資，卻忽視了在你上學時花大把時間談戀愛的時候，她正在學習人際交往的能力，在你整天滑手機的時候，她正在某公司裡辛苦地當實習生。

你只看到別人學習英語和交際的天賦，只看到她考上研究生的輕鬆自如，卻沒看見她在你熬夜追劇時正熬夜苦讀，在你沉迷於網遊、網購時做完了一套又一套的模擬試題。

於是，你一邊盯著鏡子裡那個頭髮打結、愁容滿面的自己，唏噓不已地說：「哎，世間真是不公平，怎麼我就不能生在富貴人家，怎麼我就不能國色天香，怎麼我就沒有她那樣的好運氣？」

語氣之沮喪，情緒之低落，好像世界上本該屬於你的男人、鑽石、工作、名校都被人硬生生地從你手掌心裡搶走了似的。

我想說的是，你總得和生活真刀真槍地大幹一場，才有資格說「這花花世界，我盡興了」；你總得和自己認認真真地較幾次勁，才有資格說「這上蒼贈予我的青蔥歲月，我一絲一毫都沒有浪費過」。

人生的成績單是摻不得半點虛假的，你糊弄它一下，它就能糊弄你一年；你糊弄它一年，它就能糊弄你一生。所以，**別幻想什麼從頭再來，也別奢望天上掉下好男人、鐵飯碗，你的幸福取決於自己的抉擇和付出。**

西方有諺語說，欲戴王冠，必承其重。想要自由，就要嘗試練習對抗地心引力的束縛；想要成功，就得與困難真刀真槍地打一仗。因為這世界，從來就沒有不需要抵抗重力的飛翔，也沒有輕而易舉的成功。

換言之，你今天遇見的尷尬都是從前懶惰埋下的「地雷」，而你明天將會擁有怎樣的人生，取決於今天付出何等程度的努力。

凡是你糊弄過去的，早晚會露出馬腳。糊弄過去得越多，挨的巴掌越響亮，要丟的

臉也越多！

請記住，現實他老人家絕不會拿著一本書、摸著鬍子、扶著眼鏡對你說：「親愛的，我的乖乖，我們來講講道理」，而只會一個大巴掌把你打倒在地，然後惡狠狠地對你說：「笨蛋，學著點！」

THEME 13

誰也別慣著，你本就不是省油的燈

01

大學室友前幾天求婚成功，一場在水族館裡完成的浪漫求婚很快就在群組引起討論。多數人都是羨慕或祝福，A卻在「嘴賤」地刷存在感。

A在群組裡斷斷續續地說：「老同學的女朋友是體育專班的吧？你看那手臂上的肌肉，哈哈。」、「你們也太做作了，居然還去水族館求婚。」、「戒指是婚戒還是道具呀？個人覺得個頭有點小。」、「老同學啊，恕我直言，怎麼看都覺得你女朋友配不上你。」

群裡沒有人接A的話，因為大家都知道，室友的女朋友Lora就在群組裡。群聊的氣氛明顯變得尷尬了起來，在沉默了幾分鐘之後，Lora 在群組裡開口了：「這位同學，我就是你老同學的女朋友，你眼光很獨特嘛。」

A回覆道：「我說話比較直，你別介意啊。」

Lora 說：「剛才聽我男朋友說，你就住在隔壁的社區，出來吃個飯吧，我請客。」

A回覆道：「這麼客氣，那一會兒見。」

大約過了兩個小時，Lora 在群裡傳了三張照片，是A喝醉了癱坐在椅子上的醜態。

是的，Lora 在男朋友的「督戰」之下，將A喝倒了。

我問 Lora：「你太厲害了，就不怕損了自己的光輝形象嗎？」

她回覆我：「其實我和多數人一樣，對友善的人一直都很友善，但如果有人來挑事，我一般也不會束手待斃。**他既然不怕我難堪，我當然也不怕讓他難看**。我得讓他知道，他的嘴巴是很厲害，但我也不是省油的燈。」

在我們身邊，經常有人帶著強烈的自豪感和一本正經的臉說「我就是這樣的人」、「我說話直」、「我實話實說」。這些人永遠都是一副理直氣壯的樣子，他們不分場合、不留情面，用「我說話直」做「嘴賤」的免死金牌，用「我就是這樣的人」做損人之後理應被赦免的緣由，然後昂首挺胸地走在「讓別人難堪」的路上。

但是無數的事實證明，嘴賤的人看似是與眾不同、特立獨行，實際上是人見人煩。他們是熱鬧氣氛的冷氣機，是團隊合作的「不定時炸彈」，是群聊時的話題終結者，是社交圈子中的鬼見愁。

以「跟你很熟」的名義進行的胡亂指揮，本質上只是他們對自己蒼白生活的一種洩憤；以「實話實說」的名義進行的指指點點，其實只是他們對別人快意人生的一場意淫。

這些人恐怕自己也不明白，為什麼每次都是自己費腦細胞地逗眾人一樂，最後被孤立的竟然是自己？為什麼「我這麼耿直」地說出了真相，最後卻得不到別人一絲一毫的尊重？

其實答案是這樣的：這個世界並非排斥「有趣有料」的人，也並非虛偽到「容不得耿直」的人，它只是容不下沒教養的人。

沒有教養，說話衝，其實這些都是心理疾病。單單為了自己快活，不惜把廢氣、怨氣、邪念、歪心投射在其他人身上，說到底，病根就是自私。

可總有人將「我說話直」當作「嘴賤」的替身，好像這幾個字一說出口就理所應當被人原諒。這些人從來不曾反思：憑什麼別人受了你的氣，還得陪著你笑呢？

要我說，這真不算性格上的率真，頂多只能說是情商上的缺陷和人性中的自私。如果一個人想到什麼就說什麼，從來不考慮別人的感受以及因此造成的後果，那他就是做人有毛病。

下次如果你遇到有人說「我說話就是這麼直，你擔待點」，你就反問他一句：「我能不能抽你一巴掌，然後跟你說『我打人就是這麼疼，你忍著點』？」

我始終覺得，人活在世界上有兩大義務：一是好好做人，二是不慣著別人的臭毛病。

02

從小到大，幾乎所有人都在提醒你：你要做一個好人，要與人為善。可長大以後卻發現，總有那麼幾個煩人的人在阻止你做一個好人，並且讓你覺得，自己的善良和包容等同於助紂為虐。

前幾天和英子吃飯，吃到一半時，她突然對我說：「和討厭的人撕破臉，感覺真是好極了。」

英子討厭的人叫W，W是公司的技術主管，整天除了四處找人閒聊，就是到處挖苦人找樂子，內向的英子一直是他「找樂子」的對象。

半年前，英子的髮囊出了問題，被迫剃掉了一部分頭髮，所以有近三個多月，英子都戴著帽子。有一次在電梯裡，英子遇見了W，她把帽沿壓得很低，假裝不認識W，可還是被發現了。W沒有打招呼，而是當眾摘下了英子的帽子，在看到英子的光頭時，W在電梯裡哈哈大笑，完全不顧英子的感受，並且還大聲地嚷嚷：「你人又不聰明，還學人家絕頂！」

英子拚命地捂著頭，然後逃也似地離開了。她躲在廁所裡哭了足足半個小時，然後像什麼事都沒有發生一樣去上班了。後來，英子的外套、鞋子、長相、皮膚都被W笑話過。英子都忍了，她說：「畢竟是同事，低頭不見抬頭見的。」

後來，英子同公司的好好姐妹知道了這件事，她領著英子就衝到了W的面前，掀起一堆文件夾直接甩在W身上，厲聲說道：「你算什麼東西，看英子好欺負是吧？」辦公室裡所有人都被震住了，只見W將文件夾挨個撿起來，細聲細語地說：「小妹，我只是開玩笑。」

英子的好姐妹又一把將文件夾推到地上，繼續大聲喊道：「誰跟你開玩笑？走走走，我們找老闆聊聊這是哪個國家的玩笑！」

W不再出聲，他走到英子面前，很認真地說了一句：「很抱歉。」

英子對我說：「那一刻，我突然意識到，撕破臉皮，原來就像拉開易開罐拉環那樣簡單，原來可以像談戀愛那樣酣暢淋漓。」

是啊，對那些不可理喻的人，該撕破臉皮就撕吧。**但凡不是你生命中不可或缺的人，這一輩子就只有一次和你撕破臉皮的機會。早日撕破，早點解脫。**

畢竟你又不是佛祖，你的生活已經夠辛苦了，為什麼還要借用「我們是朋友」、「我們是同事」、「我們是親人」的名義來為難自己。對那些友善的人，還是該秉持著你原始的善良，不矯情、不裝模作樣，但對那些肆無忌憚欺負你的人，就該亮出獠牙。

你得讓他知道，你雖善良，卻並非軟弱。

善良其實是能力，而不是情感。只有你強大到可以保護自己了，別人才會去在乎、感激你的善良。所以，在能夠承受別人的「惡意」以前，請不要過度使用你的善良。

這並不是鼓勵你變成一個伶牙俐齒、沒心沒肺的悍婦，而是鼓勵你對那些沒事找事的人兇猛一些、嚴厲一些，因為對這樣的人，你的容忍退讓只會換來對方的得寸進尺。真的沒必要為了情面而留住那些「八竿子打不著」卻還時常打擾你的人，更沒有必要為了所謂的圈子而放縱那些肆無忌憚的人。你要明白，不是所有人都會在你需要的時候站出來。相反，那些泛泛之交還會給你造成很多不必要的困擾。

再說了，圈子小並不一定是壞事。你只需用心地經營一、兩個小圈子就夠了——就是這一小撮人，一旦你遇到孤立無援的困境，他們早就挺身而出，站在那裡了！

不要等到讓「好人有好報」這種大道理賞了你一巴掌，才知道社會有多現實；不要等到被「為了一團和氣」傷得心灰意冷了，才知道人心可畏。

03

王朔曾自嘲道：「人擋著我，我就給人跪下——我不慣著自己。」沒想到居然有人當真了。

為了避免尷尬冷場，你總是絞盡腦汁刻意製造話題；為了所謂的人情往來，勉強自己做不喜歡的事情；為了得到「好人卡」，一而再、再而三地委屈自己，最後終於「滿載而歸」——人人都誇你是好人。

你渾身上下都是便宜貨，卻為何專門在精品店挑選送男朋友的領帶和西裝，為何專門拜託在國外的朋友幫孩子買食品和玩具……最終你「功勳卓著」——人人都讚譽「你真懂事」。

「你真懂事」的意思是「你挺好欺負的，也很容易哄。以後我再這樣對你，你也不要生我的氣，不然就是你的不對；以後我還會欺負你，你忍著就好了。」

我知道，有時候你是自認為力量單薄，不敢還擊；有時候是本著與人為善的原則，沒有還擊；但更多的時候是礙於顏面，放棄了還擊……於是，麻煩你、欺負你的人越來越多。

有時候你是覺得自己不夠好，不值得精心打扮；有時候是本著愛意，甘願付出，但**更多時候是因為你骨子裡懦弱，總想著「以犧牲自我來換得對方的關注」……於是，被輕視、被辜負的次數越來越多。**

你要記住，面子是別人給的，但臉都是自己丟的。

一個姑娘家，最明顯的優點是心軟，最明顯的缺點也是心軟。實際上，你對劈腿的人心軟，就是對自己的愛情心狠；你對傷害你的壞人心軟，就是對自己的傷口心狠。有時候，心狠一點，能救自己一命。

如果你總是曲意逢迎，那別人就會以為你根本就沒有態度；如果總是忍氣吞聲，那別人就會認定你毫無脾氣；如果總是笑臉迎人，那別人就會覺得你毫無立場……

你要自愛，不要把全部的力氣、善良和認真，當作贈品那樣免費發放，浪費在不被需要或受人輕視的地方。你還應活得矜貴——對物質有追求，對感情有底線，對生活有原則。

一旦失去了底線和原則，你的友情將不再單純，會成為一個互相提防、互相討好、最後不歡而散的彆扭遊戲；你的愛情也不再安穩，會變得疲於迎合、患得患失，最後在清湯寡水的生活中消耗殆盡。

如果再有男生問你：「假如我沒錢，沒車，沒房，沒鑽戒，但有一顆愛你的心，你願意嫁給我嗎？」我希望你能直接反問他：「假如我沒身材，沒相貌，沒工作，沒身高，不能生育，但有一顆愛你的心，你願意娶我嗎？」

要我說，**男生嘴裡強調自己一無所有，表面是想彰顯自己的情真意切，其實只是他的鬥志還配不上你的身價**。

希望你能轉告你的男朋友：「別再羨慕別人家的女朋友懂事，會省錢，會過日子。你該明白，養大鵝跟養天鵝的成本是不可能一樣的。」

THEME 14

善良要有，還得漂亮

01

Ella是社群媒體裡的大好人，什麼都好，性格開朗，唱歌好聽，做飯也好吃，唯一讓她自己覺得不好的是，自己很胖。更不好的事情是，她喜歡上了一個超帥的男生。

一次聚會上，她一眼就相中了他，用她的話說，是「眉眼帶笑，看一眼就心動了」。然後，她主動搭訕，主動幫忙拿飲料，主動在KTV裡唱情歌。更關鍵的是，在一堆人喊她「胖ㄚ」的時候，他是唯一一個喊她名字的人！

再往後，她專門為他燉過粥，專門陪他在烈日下幫他完成市場問卷調查，而其他人有聚會，也都心領神會地同時邀他們兩個人去。無論什麼時候，只要是有這個男生在場，

Ella都是一副面紅耳赤的樣子。更要命的是，從來沒有自卑過的Ella，在心裡越來越多的喜歡和肚皮上越來越刺眼的肥肉面前，頭一回感受到了強烈的自卑。

我調侃道：「你們了解得差不多了，什麼時候表個白吧！」

她靦腆得完全不像她自己了，紅著臉說：「我沒想過談戀愛啊，就是認識認識，多個朋友。」

其實我知道，她不是不想談戀愛，而是覺得自己的長相，根本就配不上自己的眼光。就在Ella以為可以繼續做朋友時，她突然發現這個男生和另一個漂亮女生曖昧上了。她在社群媒體裡傳了一句「我好像一個被人扎了一針的氣球」之後就關機了，我找到她的時候，她已經在街角的咖啡館裡嗚嗚咽咽地坐了一下午。

她紅著眼睛對我說：「我一定要瘦下來，一定要變美。我要化精緻的妝，穿得高貴又優雅。而不是現在這樣，穿著最大號的T恤和男生的牛仔褲。」

她說著說著就激動地站了起來——身體向前，臀部往後，像是一架永遠也無法起飛的飛機，在笨拙而倔強地滑行。

讓所有人始料未及的是，Ella真的在三個月的時間裡瘦了下來。沒有人知道她吃了多少苦，但所有人看得出來，她真的變成了大美女。

和所有的勵志小說、電視劇、電影的情節一樣，變美之後的 Ella 不僅收穫了美好的愛情，而且在工作中越發出色。在婚禮上，光彩照人的她無比深情地對新郎說：「我從來不敢幻想，這個世界會如此地優待我。」我相信她說的是真心話。

你看，當你變好了，世界也變好了，命運也待你溫柔了，關鍵是，帥哥也跟著來了！不用抵賴，你就是視覺生物。你會一邊對著帥氣男生的照片流口水，一邊對著沒錢又醜、沒實力又無才的男孩子故作高冷；你會一邊對酷酷的男生滿是寬容和理解，卻一邊對癡情追求、但容貌一般的男孩拒之千里。就算他再溫柔體貼，再善解人意，都不如那個好看的男人讓你動心，讓你魂牽夢繞。

但你要記住，**金元寶不會從天而降，好男人也不會不請自來**。想要和男神做男朋友，就得自我修練變成女神；想要找個瘦高個，就不能慣著自己一直是個「矮胖挫」；想要找個「高富帥」，就算你再不濟，也要把自己收拾得又瘦又精緻。

善良是很珍貴，但一個人的善解人意、平易近人這些卓越的品質，在「長得好看」面前都弱爆了！

至於你聽說的什麼「只要長得漂亮，就會有很多人喜歡」、「只要有了錢、有了美貌，女人就會活得容易一些」……我告訴你吧，這些都是真的！

02

機場候機，聽見兩個女生在互相拆臺。

A小姐特別自豪地向B小姐誇自己的男朋友，說他特別大方，唇膏、眉筆、粉底、面膜，總是這一購物車買完了，下一個購物車就裝滿了，輪番地買，而且還總是鼓勵她化妝，買新衣裳。

順便，A小姐還「攻擊」了一下B小姐的男朋友，說他小氣、摳門，捨不得買化妝品給B小姐，還總說喜歡素顏。

B小姐白了A小姐一眼，無比傲嬌地回了她一句：「大姐，你怕是沒弄明白吧，你要是像我這樣，長得落落大方，當然也不用化妝啊，你男朋友是怕你出去影響市容，才那麼大方的！」

我努力憋著才沒笑出聲來，但真心覺得，毒舌的B小姐卻揭露了戀愛的真諦：男人假裝欣賞你有性格、有理想，其實只是看上你的絕頂漂亮；男人假裝關心你的皮膚和衣裳，其實只是擔心你配不上和他一起出場！

常常聽見有男人抱怨，說現在的女人太現實、太勢力，只喜歡豪車、喜歡大房子，沒車沒房就會被她們嫌棄。其實，說這話的男人不僅單方面地掩飾自己「好色」的一面，同時還昭告天下：「我是一個窮酸男」。

同樣的道理，當一個女人抱怨男人花心，只喜歡大長腿、喜歡火辣身材的時候，其實也暴露了自己沒有魅力的事實！

你要記住，沒實力的男人才會覺得女人現實，沒有魅力的女人才會抱怨男人花心。別再酸溜溜地嘲諷那些穿金戴銀的人是「臭顯擺」了，別嘀嘀咕咕地說那些有錢不捨得花的人是「太虛偽」了，更不要沒有底線地與人攀比。

事實上，有錢的奢侈，那叫貴族的奢華；有錢的樸素，那是低調的內涵；而沒錢的奢侈才是赤裸裸的虛偽，沒錢的樸素，那只能說明——你是窮得真沒轍了。

別再詆毀那些長得好看的人是「紅顏禍水」，更不要拿「紅顏薄命」來安慰自己的長得醜。你要明白：白雪公主是因為漂亮被王后嫉妒，但同樣也是因為漂亮，所以被獵人放走，被小矮人收留，被王子親醒。

事實上，有漂亮的臉蛋容貌當本錢去禍國殃民，那才叫紅顏禍水，有姣好容貌作條件去恃寵而驕，才有可能紅顏薄命。怕就怕，你自己貌若無鹽，還沒有自知之明地笑話別人是禍害。

03

天生長得不好看其實就是一種病，否則整形的地方，為什麼要叫醫院？

但是，天生不漂亮這種病還是有救的（儘管沒辦法痊癒），所有天生的不理想都可以透過穿著、健身、化妝、讀書，甚至是整容來改善。

千萬不要相信什麼「醜陋的外表沒關係，有一顆金子般的心就好」，也千萬不要相信什麼「心善比貌美還美麗」，這些討好的話，都是醜八怪的自我安慰和狼外婆寫出來騙小孩的！

若想要征服你的人生，首先就要征服你的外表。

你當然可以縱容自己一直胖下去，一直醜下去，那麼，旁人的輕視、好運的繞道而行，甚至帥哥的熟視無睹也自然會照舊。但是，如果你希望更加真切美好地去體驗這個花花世界，請務必想盡一切辦法瘦下來，竭盡所能地保持精緻美好。

嗯，醜小鴨用親身經歷告訴了全世界：只要好看，一切都會好起來的。

香奈兒曾說：「在你二十歲時擁有一張大自然給你的臉龐，三十歲時生命與歲月會塑造你的面貌，五十歲時你會得到一張你應得的臉。」

換句話說，十幾二十歲的時候，尚且可以將自己醜的原因歸結於父母的基因不出色，尚且可以將自己的胖、邋遢怪罪於家人的縱容，但是，當你已然成年，有了關於美醜和是非的判斷標準，有了獨自生活的條件後，卻依然不美好的話，就只能怪你自己了。

需要提醒的是，你不僅要學會精緻的化妝技巧，還必須要有能力分辨對面走來的女性有沒有化妝。當你確認了她是素面朝天，氣色全無，同時還一臉細紋時，就請記住一點：千萬不要上前去打招呼——我是怕你的美會刺激到她。

前陣子流行這樣一句話：「喜歡一個人，始於容貌，陷於才華，忠於人品。」我希望認同它的人注意一下，是始於「容貌」，你有嗎？

其實這句話也十分婉轉地表達了另一種觀點：如果你和他，沒有一見鍾情，沒有後來的風花雪月，那多數原因是「死於」容貌。

別再像是受了天大的委屈似的，滿世界地投訴，說別人眼光差，總是對你以貌取人。請你捫心自問一下，你是不是也如此？

在力所能及的時候，要把時間和金錢花在讓自己變美好上。這一點都不俗氣。當你變好看了，有張漂亮臉蛋或曼妙身材，就會發現，漂亮會替你省去很多煩惱。

至於那些一邊貪吃，一邊喊著要減重的女性，我則滿是欽佩，因為對你而言，光是不發胖，怕就已經竭盡全力了吧？

那麼，我願有人陪你在大把的美好時光裡做個胖子，然後在每一個脂肪氾濫的日子裡，給你壯懷激烈的愛情或友誼。

如果有的話……

THEME 15

請管好你那氾濫的情懷，我怕它會淹沒你的餘生

01

朋友璐璐今年二十七歲，就已經開始拿四十多萬人民幣的年薪。她拚命工作的時候像是自備發動機——連續兩個晝夜不闔眼是常有的事；閒暇的時候又是情懷滿滿——為了看馬德里的夜景，她花了十五個小時獨自飛到了西班牙。

不論是夜泊秦淮，還是暫居里約，不論是在夏威夷的私人海灘度假，還是在波爾多的小酒窖裡漫遊，璐璐活出了無數人羨慕的樣子。

不熟悉璐璐的人都以為她不過是有錢、有閒，只是幸運，又或者是仗了某某的勢，但熟悉璐璐的人都知道，這一切都是她拚命努力的結果！

大學畢業之前，璐璐和大多數人一樣，躊躇滿志，理想大過天；可大學畢業之後，璐璐和幾乎所有人一樣，滿是迷惘和焦慮。不同的是，璐璐比同齡人更能吃苦。她的第一份工作是在一家電子書企業當銷售，經常出差不說，還是到異國他鄉。

最慘的時候，她一個人住在新德里最廉價的飯店裡，銀行戶頭裡就剩五塊三毛錢。有一陣子，出差請款晚了一個月才核銷，她被迫在飯店旁邊的小餐館裡兼職……可即便如此，璐璐絲毫沒有放棄過學習，也從未抱怨過誰。

在長達十幾個小時航程的飛機上，她有一半的時間是在背法語單字中度過的；在繁忙而勞累的兼職時間裡，她依然是一邊做清潔一邊還默記著行銷策略；在別人沉沉入睡之後，她繼續在微弱燈光下寫一天的心得。

沒有人知道，廉價飯店的房間門在凌晨一點多被人踹了一腳之後有多麼嚇人；沒有人知道，在語言不通的異國他鄉的街頭迷路之後的慌張；也沒有人知道，被一個拿著尖刀的傢伙在眾目睽睽之下搶走錢包有多麼無助……這些，她都知道。

在那段暗無天日的時間裡，她的個性簽名一直都是：「一座城市的包容力就體現在，不但接納了你這樣的慫貨，更接受了欺負你的橫人。」

後來，有人羨慕她的獨立和勇敢，便求教她：「語言不通，能力一般，我一個人在異國他鄉不會生活怎麼辦？」

她很認真地回覆道：「這世界上根本不存在『不會』這種事，當你失去了所有的依靠的時候，自然就什麼都會了。」

還有人羨慕她周遊世界的瀟灑，便問她：「沒有錢的時候，怎麼完成一段說走就走的旅程呢？」

她笑著說：「沒有錢的時候，你根本就不該想這個問題啊！你要想的是努力滿足那個條件，而不是僥倖地想逃避那個條件。」

她補充道：「**沒有實力的時候，最好不要跟『情懷』的風。因為情懷需要實力做根基才能平穩落地，而不是靠一點點寂寞幻想來麻痺自己。**」

在我們身邊，炫耀「情懷」的人不計其數。以致在各大社群媒體上總能看到這樣的句子：世界這麼大，我想去看看；你在辦公室加班的時候，洱海的魚正躍出水面；趁著年輕去過隨心所欲的生活；放下一切出發吧……

但是，在說走就走之前，或者放下一切、不計後果去旅行之前，是否問過自己：你這段旅程的目的是什麼？出去走一圈就真的能緩解你的不安嗎？辭職旅行回來後，一切都能好轉嗎？

事實上，不論是「說走就走」，還是「籌備已久」，不論是「去遠方」，還是為了「擺脫現狀」，人至少要擁有三樣東西——錢、時間、實力。錢和時間能提升旅程的品質，自身的實力則能提供上路後的歡喜踏實。

如果一無所有，那西藏再聖潔、倫敦再繁華也都與你無關；如果連自給自足的能力都沒有，那「不識抬舉」的同事、「無事生非」的熟人、「有眼無珠」的上級、「糾纏不清」的爛桃花會一直伴著你。

補充一句，若是沒錢、沒時間，關於這個世界，你還是想看看、想轉轉，我倒是有個法子——買個地球儀吧！

02

泡芙小姐嚷嚷著要辭職，從去年十二月一直說到今年十二月。她要辭職的動機很簡單，說「生活不只眼前的苟且，還有詩意和遠方。」而沒辭職的原因更是簡單，「去遠方太貴了，而辭職了可能連溫飽都成問題，哪還顧得上詩意」。

她向我抱怨：「哎，命苦，別人怎麼就那麼好運氣，要錢有錢，要愛有愛，我怎麼就那麼倒楣，想走走不了，每天圈在這裡乾耗著。命運真是太偏心了！」

我回覆她：「雖說這世界並不公平，但至少它還承認努力啊。沒有誰是躺在沙發上就能變瘦、變好看的，也沒有人能摳著腳丫子就能升官發財的。別人詩意的棲居背後，一定是他拚命努力的結果。」

泡芙小姐嘟嘟嘴，繼續說：「我也想拚命啊，可根本就提不起精神，一想到在年紀輕輕的時候要出賣自由、靈魂，圈在小小的辦公桌前，就滿心不甘啊。」

我反問道：「那你覺得年紀輕輕的時候應該做什麼？出門遠行？浪跡天涯？比翼雙飛？又或者是躺在沙發上玩手機？熬紅眼睛追韓劇？」

周遊世界的錢和時間你有嗎？自給自足的本事你存夠了嗎？如果沒有，憑什麼說走就走，憑什麼想辭就辭？

這是一個強調對等交易的時代。擁有了財富自由，才有資格去要求精神自由、人身自由，但在實現財富自由之前，你就得犧牲人身自由去換財富。

其實，出賣自由去換取財富，這一點都不丟人，丟人的是，你賣不出一個好價錢！

大多年輕人的癥結是，清楚地知道自己不想要什麼，比如在學校不想被孤立、不想被當；進入職場不想低人一等、不想被瞧不起；但少有人知道自己想要什麼，以至很多人只能借用經典語錄來替自己總結陳詞：「我要變成更好的自己」、「我要變優秀」。

可實際上，你連「更好的自己」、「優秀」是什麼都不太確定。看別人旅遊就想旅遊，看別人辭職就想辭職，看別人成功就想努力，看別人健身就去辦年卡，看別人出雙入對就想談戀愛……你太嫩了，以至於無法掌控好自己不知深淺的奢望和橫衝直撞的情懷。

其實情懷就像是激素。如果只是一點點，它可以幫你抵消苦悶，激發鬥志，可如果用得太多，它就變成了毒品——它會麻痺你，讓你接受自己的無能卻不以為然，讓你滿足於歲月靜好的假象而不思進取，讓你醉心於碌碌無為的平凡而無動於衷。

這時候，你會無比的輕鬆愜意，因為你的世界裡不再有「不會」、「不能」、「不行」的事情，有的只是「不屑」、「不值」、「無所謂」；你的夢想將會空無一物，因為所有的「得不到」都變成了「我不想要」；你的內心會失去自省和反思的功能，因為所有的「偷懶行為」都變成了「我只是不願和這個世界同流合汙」……

我要提醒你的是，情懷不是行動的退堂鼓，更不是庸碌一生的遮羞布，它根本就負不起「讓你變得無聊、無所作為」的責任，也遮不住「你實力不行、懶惰虛榮」的真相。

在你瘋狂地用「情懷」來透支青春的過程中，請不妨反問自己一下：你是真的對錢無所謂，還是覺得賺錢很難？是真的對權力不屑一顧，還是不願承認自己的無能為力？是真的對生活無欲無求，還是有心無力？

03

為了湊熱鬧，看到別人都在社群媒體上傳某家西餐廳的牛排照片，你也按捺不住內心的「饞蟲」，就滿懷期待地去了。儘管呈現在面前的是看不到盡頭的長隊，可這根本就嚇不倒你。

你餓著肚子在門口排了兩個半小時，明明只是想好好地吃個晚飯，結果被「情懷」這東西所左右，硬生生地變成了宵夜。

到末了，你還不忘把一桌子特別難吃的菜、特別難看的餐具都竭盡所能地拍出文藝氣息，再傳到社群媒體上，配文是：期待已久的美食，超好吃，讚爆了！

弱弱地問一下，這種「自欺欺人」的味道，應該也算得上是「江湖一絕」吧？

為了表現自己上進，你發過很多「要努力、要進步」的誓言，可回頭看時，一句誓言就是一個巴掌。

關於變美，錢包裡是不是放了好幾張過期的健身會員卡？「要麼瘦、要麼死」的減重計畫是不是又無疾而終？

關於提升自己，「學好英語」的口號已經喊了兩、三年，如今的詞彙量和口語水準能好過高三的自己嗎？年初定下的「一個月讀一本書」計畫，都過去十分之九年了，可讀完一本了嗎？

另外，這個月又失眠了幾回？胃痛了幾次？焦慮了多少天？

你回頭想想，正經事是不是一樣都沒做成，手機的小遊戲卻過了不少關吧？

是的，你可以理直氣壯地照舊生活，畢竟你每天都準時上下班，按月領薪水，不遲到、不早退，夢的想的還穩妥地貼在牆上最顯眼的地方……一切似乎都沒什麼毛病。

英語不好也沒有影響到你跟團出國旅行，滿滿的旅遊照片上照樣會出現幾個帥得一塌糊塗的外國人；韓劇看太多也沒有影響到你的交際，甚至還使你成為了偶像話題的製造者和引領者；變胖了也不影響你胡吃海喝，畢竟這世界上總會有「更大一號」的外套。

變化的是，你年紀越來越大，父母越來越年邁，你與同齡人的差距越來越大，距離夢想也越來越遠……

依你之見，這些變化是不是真的可以視而不見？是不是真的能用一句「歲月靜好」或「平淡是真」就打消掉內心的焦慮和不安？

我不是刁難，更不是否定你的生活方式，我只是替你感到惋惜——明明是那麼有潛力的人，怎麼就這樣草率地放棄自己本可以擁有的一切？明明還有很長的一生要過，為什麼就不相信自己能夠變得更美麗、更有趣、更有錢呢？

別再慣著自己了，不是命運對你有偏見，而是你放棄得太早了。你任由大把大把的青春無意義地消耗掉，就不怕將來孩子失望地問你：「媽媽，怎麼你什麼都不會？」

請記住，優哉遊哉地活著，和懶惰是兩回事！

情懷不是行動的退堂鼓，
更不是庸碌一生的遮羞布，
它根本就負不起「讓你變得無聊、無所做為」的責任，
也遮不住「你實力不行、懶惰虛榮」的真相。

THEME 16

那麼辛苦地變好看了，可不能再醜回去

01

K小姐是看韓劇長大的，喝了不少的愛情雞湯。因此當大四的學長來追求她時，她沒有任何顧慮就答應了。

室友告誡她：「你要三思，學長一畢業就可能會離開這座城市。」她假裝沒聽見，繼續趴在桌子上寫情書給學長。

室友見說服不了她，就問她：「他長得也不帥，也不像個有前途的人，你究竟喜歡他什麼？」

K小姐答道：「他和別人不一樣，他是金牛座，對我特別溫柔，給我的感覺也很踏實，關鍵是他還會寫詩，是超級文藝的男生！」果不其然，學長一畢業就去了另一個城市，迎接他們的是辛苦的遠距離戀愛。

就在K小姐在社群媒體裡PO完「願得一人心，白首不相離」貼文後的第三個月，學長就傳來了分手簡訊，內容簡單到含標點符號一共才九個字：「要怪就怪遠距離吧。」然後將K小姐封鎖了。

滿心還在憧憬未來的K小姐哪裡受得了「分手」這種事，她連行李箱都沒帶，就買了機票飛到學長所在的城市，再轉車來到學長的公司。當時正值午餐時間，她聰明地在員工餐廳門口「找」到了他，更準確地說，是他們——當時學長正牽著一位漂亮女生。

三個人簡單地交換了一下眼神，兩個人驚訝，一個人尷尬。尷尬的是K小姐。

K小姐忍著眼淚、咬著嘴唇對學長說：「你之前不是說怪遠距離嗎？現在我來了。」

學長一改從前的溫柔臉色，豎著眉毛對她說：「請你馬上消失！」

在眾目睽睽之下，學長帶著那個女生「順利突圍」，留下她像隻掉進陷阱裡的受傷小鹿一樣，在眾人鄙夷的眼神中黯然倒地。

再醒來時，睜開眼看見的是一臉擔心的媽媽，K小姐「哇」的一聲就哭了。從此後，

K小姐性情大變，她比以前吃得更多，宅得更厲害；白天沒完沒了地嚼著洋芋片、零食，晚上大口大口地灌可樂、雪碧。在短短十幾天的時間裡，K小姐胖成了另一副模樣——臉變寬了很多，像是嘴裡含著水果糖；肚皮也開始鼓起來了，像是懷胎二十週。

和所有在失戀中康復的女生一樣，K小姐也是突然回過神來的。她開始覺得自己傻，開始後悔當初的自暴自棄。她在社群媒體裡寫道：「如果連自己都拋棄自己，那任誰也拯救不了你。」

然後，K小姐開始了瘋狂的減重計畫。在隨後十八個月時間裡，她每天的早餐是芹菜胡蘿蔔榨汁，外加一個水煮雞蛋。中午就兩片雞胸肉，其他全是蔬菜，主食就是一百五十克的糙米飯，沒有晚餐，並且每天堅持運動兩個半小時。

為了強迫自己嚴格執行減重任務，她在社群媒體上還發了毒誓，按照她室友的說法是：「K的人生狠心額度已經全被她用完了。」

後來有人問K小姐：「是哪一個瞬間讓你意識到愛情其實並沒有那麼重要的？」

已經變得很瘦很美的K小姐笑著說：「當我一個人熬過了所有的苦，也就沒有那麼想和誰在一起了。」

是啊，**在最艱難的時候，更不應該給自己留後路。因為很多時候，讓你不斷往前走的並不是未來有多好，而是自己已無路可退**。

當有一天，你獨自異地打拚，病了沒人照顧，累了無人安慰的時候，當你獨自在青春的戰場上廝殺，覺得世界不公平，愛情不可靠的時候，請記住，命運從來都不會無故地為誰準備貴賓休息室，也沒有什麼私人專屬通道，唯有靠自己一天天地堅持下去，一步步地熬下來。

你得把自己打扮得美美的，化精緻的妝容，穿得體的衣服，不允許身上出現一丁點的贅肉，也絕不接受別人的輕率的示愛。

你不妥協於每一份渴望，也不卑微於每一次邂逅，更不會容忍自己找妥協、退讓的藉口。

親愛的，這世上真的沒有什麼搖身一變，更沒有什麼能拯救你的人，有的只是你看不到的浸潤著心血和汗水的低調努力。可我卻真心覺得，你只有低調，沒有努力！

02

美婭是我認識的最幸福的女人，她一邊打理著有三十幾個員工的公司，另一頭還經營著一個溫馨和睦的家庭。

有人羨慕她的天賦，認為她生來就有一副好身材、好臉蛋、好頭腦；還有人嫉妒她的家庭，說她幸運得可以靠爸、靠老公、靠婆婆。但事實上，她靠的是近乎殘忍的自律：在別人早上賴床睡懶覺的時候，她早早地起來為全家人做好了一桌子營養全面的早餐；在別人蜷縮在沙發上看肥皂劇的時候，她把自己吊起來翻滾著練習身體的柔韌性；在別人吃到飽為了能回本而胡吃海喝的時候，她從畢業之後就幾乎沒有吃飽過飯。

我問她：「婚也結了，事業也有了，你為什麼還這麼拚？難道你不知道，吃飽的感覺特別好嗎？」

她笑著說：「吃飽的感覺是很好，但變胖變醜的感覺不好啊！**我那麼辛苦地變好看，可不能隨隨便便地醜回去！**」

你看，心無旁騖地自律，不遺餘力地保養，從不找理由來對自己撒謊，也不縱容自己成為歲月的幫兇，這樣的人不僅躲開了歲月揮舞過來的殺豬刀，而且還成為了命運的寵兒。

以前聽人說：「看一個人的身材，就大概知道他的修養和實力。」最初總覺得這話太武斷，但如今細想，真是這麼回事。如果連身材都管不了，那慢慢走形的腰和日漸衰敗的臉會讓你的實力大打折扣，這樣的你，恐怕連表現優秀內在的機會都沒有！

誰的自律都辛苦，誰的努力都不易，能否變美的區別在於，有人在略感疲憊之後就放棄了，有人在崩潰之後堅持下來了。

王子和公主在一起了，大家只會羨慕，然後祝福，因為他們門當戶對，郎才女貌；可如果王子愛上了灰姑娘，就會有無數的甲乙丙丁嫉妒，會在心裡嘀咕「她憑什麼」和「我為什麼沒她那樣的好運氣」。這些甲乙丙丁只是看到了灰姑娘卑微的出身，卻忽視了她首先擁有了無人能比的天生麗質，以及無人能敵的後天努力，其次才是好運氣、好機緣。

而你呢？活得邋裡邋遢，胖得無邊無際，哪路神仙願意來幫你？

不要等到衣服不得不選最大號的時候，才下得了狠心去減重；不要等到臉被痘痘占領了，才想起健康飲食。你的壞習慣、臭毛病累積得越多，修正的過程自然就會傷筋動骨，慘絕人寰！

其實，你只需要在平時改變一點點，注意一點點，變成更好的自己根本就不會太費力！比如把每天習慣性的油炸食品換成全麥麵包，比如在想吃麻辣鍋的時候，自己熬一鍋小米粥……

那些沒有人愛的女生們，多少得有點危機感啊！你不美美地活，怎麼敢放心地老去？那麼胖，那麼醜，怎麼還能好意思胡吃海喝呢？變成名副其實的「土肥圓」，難道還真會覺得自己很可愛嗎？

03

常聽見有人抱怨，說女明星談到保養祕笈時，尤其虛偽，特別不誠實，總是強調什麼「好好吃飯、好好喝水、好好睡覺、多吃蔬菜瓜果、多運動」這類不鹹不淡、沒營養的廢話。

可一旦你或身邊的人經過努力變得又瘦又美又健康的時候，你就會發現，這些千篇一律、聽起來沒營養的廢話，竟都是人間至理，是你在苦苦尋找的美麗祕笈！

而你自己，就是那個手握祕笈卻還在花花世界裡翻箱倒櫃、四處尋找的笨蛋！

誰能說「好好吃飯、好好喝水、好好睡覺、多吃蔬菜瓜果、多運動」這些事情你不會做？

是的，誰都會。可大多數人都堅持不了，而**大多數人堅持不了的事情，正是少數人能成功的原因**。

看著別人因為長得漂亮在職場上如有神助，在生活中如魚得水，你嘴裡罵著「狐狸精」，心裡卻是無比羨慕。於是，頭頂著雞窩一樣亂糟糟的油膩頭髮，用力地瞪著滿是血絲的眼睛，「堅韌」地扛到下半夜，只為在網路上找到「狐狸精」正在使用的那款精華液。

看著別人分享美美的旅遊照，在社群媒體上有一呼百應的粉絲，你滿臉不屑地嘀咕著「真虛偽」，心裡卻是滿滿的嫉妒。於是，你把自己從沙發上、床上「搬」起來，咬牙切齒地學著別人的樣子做了一段還不到八分鐘的健身操。

你呀，分明早就明白了保養肌膚、鍛鍊身體、提升內在的各類「祕笈」和必要性，看看你手機裡面的收藏和轉載，在社群媒體發表的誓言，以及電腦桌前面貼著的計畫表就知道了。

可是，**你有的永遠是「臨淵羨魚」的本能，卻從來沒有「退而結網」的努力**。

別人在吃著黃瓜片，喝著芹菜汁，你在大口吃肉，大口喝酒，那結果必然是她瘦得勻稱，你肥得流油。

別人在清晨、在日暮時，堅持在跑道上揮汗如雨，你是同樣的時間在打鼾，那結果必然是她生氣勃勃，你委靡不振。

別人在出門前、回家後，把衣服鞋子都打理得整齊俐落，你一年四季都是藍不藍、灰不灰的牛仔褲，外加一件帶著動物圖案的XL號運動T恤，那結果必然是她讓人印象深刻，你總是被人忽略。

所有看起來雲淡風輕的美好，都是基於持之以恆的苦修。

別人天生就比你身材好，比你五官更端莊，比你家境更殷實，但這些都是羨慕不來的，老天也不會因為你嫉妒了、羨慕了，就挑個好日子開個表揚大會贈予你，不會的。

唯有你採取了切實的行動，並且堅持下來了，你才會在下個月、下半年的某一天醒來時，因為瘦了一圈，因為臉色紅潤了一些，而擁有多一分的自信和魅力！

關鍵的是，**變好看是一件容易上癮的事情。一旦你漂亮過，你就會自覺地變得更律己，你就會有更強的意願去照顧好自己的身材、皮膚和牙齒。**

想必你也知道，沒有哪個男神能對一臉的痘印、滿口的黃牙下得去嘴的！

THEME 17

別把沒人要，當作沒遇到

01

朋友 Wendy 要嫁人了，她告訴我這件事的時候，我特地去翻了一下她的社群媒體，以確認是我熟悉的那個 Wendy。直到我在社群媒體裡看見她一臉的溫柔，旁邊是一張男神的臉，我這才意識到，那個曾經為愛情痛不欲生的女生，真的要嫁人了，而且嫁的是男神。

Wendy 之前沒談過戀愛，但她追過許多男生，從高中到大學，再到後來開始工作，被 Wendy 暗戀過的男生很多，並且都是眾人眼中的「男神」，但似乎沒有誰正眼看過她一眼，這讓她很受傷。

她曾在社群媒體裡自嘲：「原來所謂的男神，就是看一眼就知道這輩子跟我半點關係都不可能有的人。」

結果，一個她曾暗戀過的男神留言道：「長得醜也就算了，好在你還有一些自知之明。」一本來只是一句調侃的話，卻激怒了Wendy，她發了有生以來最大的一次火——徑直衝到了那個男生的宿舍前，叉著腰，像個潑婦一樣足足罵了兩個半小時。

在「女追男」的感情賽馬場上，跟頭摔得漂亮些還能被人說成是「淒美」，摔得不漂亮的只能形容為「狗吃屎」。

然而，在一年之後的訂婚宴上，當Wendy挽著未婚夫閃亮登場時，所有人都驚呆了：男生帥氣得一塌糊塗，惹得現場女生瘋狂尖叫，而她——那個「永遠都穿著一件肥大牛仔褲，XL號T恤、網紅款運動鞋」的胖丫頭，已然變身為端莊優雅的女神。

輪到Wendy發言時，她滿眼噙著淚對未婚夫說：「有很長一段時間，我對命運心存偏見。不論是工作還是感情，我都像一個笑話。直到遇見了你——優秀得讓我流口水的你，我才意識到，要想站在你身邊，光靠抱怨、祈求是沒有用的，我得拚啊，是那種每往優秀的方向邁一步，就掉一層皮的那種拚。事實證明我是對的，只有努力變得優秀了，才有資格站在你身邊。只有這樣，不論你是腰纏萬貫，是名門望族，還是玉樹臨風，是學富五車，都可以坦然地擁抱你，而不是眼睜睜地看著你挽著別人的手臂走遠，又或者施捨給我一個殘忍的『謝謝』。」

都說要跟對的人結婚，所謂「對」，其實是指節奏合拍，努力同步，實力相當，而不是等著命運來同情你，然後不勞而獲！

談過戀愛的人都應該明白，愛情有一雙「勢利眼」。

你要求你喜歡的人有錢、有才、有貌、身材棒，而且還死心塌地的愛你，那你是不是也應該考慮一下，如何讓自己也身材好、形象好、能力強、經濟獨立？

你想要遇見一個說話幽默、做事俐落、待人大方、為人正直，而且還願意一生一世守護你的人，那是不是應該也試著修練一下，讓自己外有氣質，內有涵養，既上得了廳堂，也下得了廚房？

試問一下，如果你總是一副乏善可陳的樣子，男神憑什麼要對你情有獨鍾？

大多數女生在感情裡產生的失落感，往往是因為她自己沒成為更好的自己，卻奢求著別人是更好的別人。

連一篇文章都看不下去，一本書都看不完的你，憑什麼天天說要改變自己，改變人生？說了一千一萬次減重瘦身美容，可嘴巴管不住，腿也邁不開，等到健身房的VIP卡到期了，才悔不當初，可那有什麼用？

年紀輕輕的時候，不切實際的幻想和懶散的活法會一點一點地消耗你。等到把青春浪費得一乾二淨的時候，再滿心抱怨和不解地問天問地：「明明當初只是一念之差，生活怎麼能給我這樣難堪的答案？」

我唯一想提醒你的是：別把沒人要，當作沒遇到！

02

C小姐又在社群媒體上發飆了，說誰誰是狐狸精，勾走了她的男神；說那個女生是走後門，搶走了本屬於她的升職機會。不一會兒，群組裡就有人開始爆料了。原來是C小姐暗戀已久的男生被一位仙氣飄飄的女生「搶」走了，而且這名女生還有可能升職為她的頂頭上司。

有人在群裡同時傳了C小姐和「仙女」的照片，照片上的C小姐穿著家居服，正在堆滿了空盤子的餐桌面前，嘴裡塞滿了食物，擺出一個剪刀手的姿勢，而仙女則是站在花店門口，長裙飄飄，手裡拿著一枝蘭花。

印象中的C小姐特別愛發飆，而原因大體可以總結為三大條：她喜歡的男生，月老沒有給她；她期待的工作，主管沒有給她；她想要的生活，命運沒有給她。

可是我想說的是，你嘴裡說自己能上天入地，無所不能，實際上連昂首挺胸、讓人信任都做不到。每天找無數的理由推卸責任、怨聲載道的你，又憑什麼要求主管給你升職加薪機會？你心裡認為愛一個人可以愛到赴湯蹈火，實際上連「放下筷子管住嘴」都做不到，每天提著「游泳圈」、拄著「大象腿」的你，憑什麼要求男神對你動心呢？

畢竟，男神想要的是讓他小鹿亂撞、蠢蠢欲動的戀人，而不是身強體壯、虎背熊腰的壯士。

退一萬步講，就算男神和你在一起了，還很專一，那你想過沒有，你的「矮胖醜」和他的「高富帥」能得到眾人的祝福嗎？

其實，愛情本質上就是一場公平的交易，要麼是你有錢財權力，要麼有美貌魅力，

要麼有氣質內涵，你總得給出一個差不多的籌碼，才能保持愛情的平衡。所以我的建議是，在對男生滿心期待的時候，也要掂量一下自己有幾斤幾兩。

電視劇《歡樂頌》裡也有「女追男」的經典橋段，足以成為普通女生的「追男典範」。做為一個平凡女生，她愛上了公認男神，可這女生卻知道自己和男神之間的差距。她沒有每天對他奉上廉價的微笑，沒有贈予他煞費苦心製作的卡片，而是每次見面之前都讓自己精神抖擻、乾淨俐落，然後在空餘時間努力提升自己。她努力讓自己的形象配得上男神，讓自己的學識跟得上男神。因為她明白，旗鼓相當才有資格出雙入對！

在我們身邊，總能聽見一些單身人士在嘀咕，說老天沒有賜予自己好面孔、好身材，說命運沒有給予自己好緣分，而實際上，你一到週末就喊累，在家宅到發霉；朋友一聚會你就嫌煩，寧願在逛網拍上浪費時間；上班時候分神，想著下班了怎麼逛街，如何鍛鍊身體，可下了班就窩在沙發上嚼著洋芋片看電視劇，然後拿著少得可憐的薪水，想著去哪裡淘到折扣最低的面膜……

你天天嚷嚷著要瘦成一道閃電，卻餐餐都在胡吃海喝；你天天抱怨沒什麼朋友，卻又習慣性地把自己鎖在手機螢幕上。如果我沒猜錯的話，你長這麼大，能夠每天堅持的事情，大概就只有幫手機充電了吧。

這樣的你，命運其實早就為你準備好了結局，無非是，你沒什麼拿得出手的本事，沒什麼說得出口的成就，沒有社交和戀人，有的只是日漸豐滿的肚腩，以及日漸衰落的夢想。然後孤獨地、落寞地在合租雅房的電腦前面亂晃滑鼠。

03

張小嫻曾說，愛一個人的時候，他如果不愛你，那就應該把這份愛默默地藏在心底，然後留著所有的力氣變優秀，變美好，而不是一廂情願地頭破血流、肝腦塗地，硬要對方知道你的愛，感動你的苦，體會你的偉大。

其實，單方面地要求別人愛自己，或者單方面地付出愛都是沒有意義的，那些不管不顧、一門心思地對別人好，說什麼「我的愛不用你管」的人，其實給出的根本就不是愛，而是撒野，是赤裸裸的騷擾。

親愛的，在男神還沒開眼的時候，你要做的是咬著牙、流著汗地改變自己，讓自己變成一個沉默而高尚，好看又耐看的人。

人最強大的武器是什麼？是豁出去改變自己的決心！

在改變發生之前，你可以對自己說：「等我變好看了再去喜歡他吧」；在改變發生之後，你就可以理直氣壯地對他說：「真是好笑，我這麼好看，幹嘛還要喜歡你！」

你早就過了可以靠幻想過日子的年紀，所以別再期盼有哪位騎馬的王子，會在眾人羨慕的眼神中帶你離開，到一個富饒而和平的國度，過公主般無憂無慮的生活。你要明白，那些遇見完美愛情的女性，靠的不是魔法，也不是好運氣，而是她們足夠優秀。

如果你沒流過一滴汗，就想要馬甲線，沒投過一份履歷，就想要長期飯票，那麼就算你有幸遇見了翩翩公子，你也沒有底氣讓他愛你一輩子。

所以，請趁早擺正你那四十五度角仰望天空的臉，僅憑仰望是不可能看到幸福的；請趁早閉上你那喋喋不休、滿是抱怨的嘴巴，真感情不是討價還價就能占到便宜；請趁早止住你那一文不值的眼淚，然後，像個男人一樣去奮鬥，像個公主一樣去自尊自愛。唯有這樣，你愛的人才會有更多的理由來愛你。

你一無是處的時候，別急著感慨遇人不淑，更不要指望能坐享其成，任何一種寄生蟲似的愛戀，從一開始就沒有勝算的可能。唯有自給自足才能讓你真正的安心，只有建立在嚴格自律基礎上的氣質魅力才能讓你打消對命運的偏見。

這樣的你，不管白天和同事吵得有多凶，不管深夜裡哭得有可憐，但只要是「出戰」就必須精神抖擻，只要「出席」就必須容光煥發，哪怕是假裝出來的若無其事，也猶如揮著鋒利無比的武器——進，可以攻城掠地；退，可以孤芳自賞。

電視劇裡，那些又傻又呆、經常犯傻的女主角似乎總能得到命運的垂青，比如遲到了總能遇見外冷內暖的霸道總裁，被雨澆成落湯雞總能遇見善解人意的大暖男，錯過了末班車就能看見在車站裡神傷的「高富帥」，以至於無數追劇的女生們錯誤地以為：我像她一樣天真孩子氣，像她一樣蓬頭垢面，像她一樣懶惰死腦筋，那我也一定能撞見優質的男神。

我只能說，下雨天不打傘和腦袋進水是絕配哦！

都說要跟對的人結婚，
所謂「對」，其實是指節奏合拍，
努力同步，實力相當，
而不是等著命運來同情你，然後不勞而獲！

人最強大的武器是什麼？
是豁出去改變自己的決心！

THEME 18

早知人間如此艱難，當初就不該下凡

01

仙女應該是什麼樣子？我腦海裡首先跳出來的是佳佳。

在銀行上班的佳佳絕對是女神姿態：溫文爾雅不失調皮活潑，明媚爽朗卻不低俗乏味；抹上唇膏，蹬上高跟鞋，就是魅力四射的時尚指標；背上帆布包，換上長裙，就是長髮飄飄的文藝女青年；安靜的時候就像陽臺上的盆栽，彈起吉他時像極了知性女郎。

佳佳的美，是三百六十五度無死角，是三百六十五天漂亮養眼，是二十四小時美麗動人！

我問佳佳：「天天這麼美，不累嗎？」

佳佳認真地回答說：「累啊，累得要命！可是比起難看，我甘願累啊！」

我知道她為何甘願。三年前，佳佳被男朋友甩了，就是因為她胖，還不修邊幅。那時她剛剛入職銀行，因為工作壓力大，佳佳變得暴飲暴食，直到變成一個大腹便便的女胖子。

然而，透過滿足胃的方式來安撫情緒的做法對工作並沒有太明顯的幫助，反倒是體重呈直線上漲。直到被男朋友拋棄了，佳佳才覺悟過來：「胖子是沒有未來的」。

為了瘦下來，她在隨後的兩年時間裡，每天只吃一頓主食；為了防止肌肉鬆弛，她工作再忙也會抽空去健身鍛鍊；為了保持皮膚的質感，她變得慷慨起來——捨得為優質的護膚品買單。她用旁人無法理解的狠勁和旁人無法堅持的辛苦終於讓自己瘦下來了。

再提起當年，佳佳莞爾一笑：「這世界對胖子其實蠻無情的，就算你再怎麼愛他，也頂多只能換來一個感謝的眼神，但絕不會是愛意。我後來想，頂著一身的贅肉招搖過市，總是免不了被人另眼相看的。畢竟我一個抵得上別人兩個，誰不多瞅幾眼。」

你看，減重成功的人，減掉的可不只是她那一身的肥肉，同時減掉的還有以前的自卑和曾經遭受過的白眼；美化的也不僅僅是自己的容顏和身材，還有發自內心的豁達。

那麼你呢？你是不是也曾想過要做苗條精緻的都市麗人，每天踩著七、八公分的高跟鞋出門，睫毛刷得很迷人，見到誰都可以優雅大方地點頭致意。

可實際上呢，你吃火鍋的時候不小心弄髒了那套精美的洋裝，就氣急敗壞地罵髒話；看到美食店門口誘人的招牌菜色，就淌著口水、情不自禁地衝了進去，然後在大快朵頤之後懊惱不已，再重複著上次、上上次說過的那句「下次一定要控制住」。

你是不是也曾一時興起要打扮自己，可才穿了幾天高跟鞋，就發現痛苦難當，於是向舒適妥協，然後「瀟灑」地踢掉高跟鞋，換回了之前的布鞋；你是不是也曾信誓旦旦地說要護理肌膚，可發現「抽時間好難、花費高捨不得」，於是就向時間和錢包妥協，然後放棄了原本計畫的半小時鹽浴、牛奶浴，只潦草地沖了一個溫水澡。

面對這樣的自己，你多少有點失望，但也恨不起來。只好安慰自己一句：「做到面面俱到的精緻太難了，不如任性地過生活。」

這樣的你，憑什麼說「鍛鍊了也看不見效果」？憑什麼說「人間真是好艱難」？你要多想想，自己付出了什麼？

要我說，**根本就沒有減不下去的肥肉，只有堅持不下去的決心；根本就沒有瘦不下**

去的人，只有光說不練的你自己！

生活從來不會無緣由地刻薄或厚待誰，一切都基於你的努力。對女孩子來說，容貌就是你前半生努力或者懶惰的小結，是一份關於魅力的考試結果，及不及格，事關人生成敗！

當你變得又瘦又好看，錢包裡裝的都是你自己的錢，就不會再急躁生氣，不會再害怕焦慮，不會再抱怨訴苦，你在成長中所有必須經歷的苦痛、悲歡和情感，都會變得靜悄悄。

這樣的你，就算夢想還在無法觸及的遠方，也能漂亮地、勇敢地奔赴；就算你的偏執無人欣賞，驕傲無人能懂，也能擁有能隨時放手、重新再來的底氣。

你要相信，**一個能控制住自己體重的人，往往也能掌管好自己的生活和感情**，也知道如何去享受生活美好的一面，也一定能看到更遠、更廣闊的未來。

如果你選擇了豬八戒的生活方式，就別指望擁有孫悟空的身材。

02

在一個大學生論壇上，有人問主持人：「從小到大，那些長得好看的女生總是一路綠燈，她比別人更容易當上班級幹部，更容易討得老師和同學的歡心，就連隔壁班的家長都知道她的名字。我想問一下，什麼樣才叫好看呢？」

嘉賓調皮地回答道：「有一張自我感覺良好的臉，就很好看。」

他解釋道：「就是很自信，沒有怨氣，沒有失落，每天都整理得漂漂亮亮的，像是出了家門口，就要上臺領獎那樣。」

仔細一想，真是這樣的。**那些真正好看的人都有一張「看起來沒受氣」的臉，不論是高冷姿態，還是溫柔女神姿態，她對這個世界沒有戾氣，她足夠自立，不需要費力討好別人**，別人也願意多給她一些時間和機會。

試想一下，同樣是去花店買花，你是願意去一家店頭裝修得文藝，店主也很女神的花店，還是去一家雜亂無序，店主是一臉凶相的花店？同樣是去問路，你是願意問一個平易近人的女生，還是問一個愁眉苦臉的女生？同樣是一個機會，你是願意給一個積極樂觀的女生，還是願意給一個杞人憂天的女生？

心態積極的人不願意使壞心眼，她不會計較和好姐妹自拍的時候沒有站在那個最好的角度，也不會計較非得要用不合身的長裙子遮住略粗的大腿，更不會逢人就嘛嘴撒嬌嚷嚷著要減重要瘦，而是表現出信心滿滿的姿態，乾淨俐落地出現在人群中，然後底氣十足地對每個人點頭示意。

這樣的人，既有著美妙的過去，也有著迷人的現在，並且讓人深信她一定會有更美好的未來。那麼誰會在乎她臉上有一個斑點，誰又在乎她的腰再細一點會更好？

一個女生的外在氣質就是她生活品質、工作能力、感情狀態的疊加。一絲一毫的不順利，一點一滴的怨念，一次、兩次的猶疑自卑，一回、兩回的挫折失利，都會映射在臉上。

如果沒了自信，那你的自卑就會磨損你；如果沒有好心態，那麼你的抱怨就會消耗你。如果你覺得全世界都在為難自己，如果覺得命運僅僅只對自己一個人不公平，那麼，無論你有何等優越的天生美貌，都會慢慢變醜。

退一萬步說，就算你最終失敗了、失戀了，但只要自己還是美美的，一切就都能夠贏回來！

不管這一天你過得有多衰，不管這一天經歷了怎樣的糗事，如果在上床睡覺之前，能認真地卸妝，耐心地敷面膜，再細緻地洗臉、泡澡、吹乾頭髮，最後再美美地鑽進被窩裡，那麼你的床就會變成一個超酷的時光機，「嗖」的一下，把你送到一個煥然一新的早上。

03

很多女孩子的生活常態是：兢兢業業地護膚，然後孜孜不倦地熬夜。

她們常常被教導「要注重內在美」，常常被提醒「過分注重外在的人很膚淺」，也常常被夢想慫恿，被生活逼迫。於是，在年紀輕輕的時候，她們就一門心思地將全部精力用在學習、工作上，以為學會了十八般武藝之後，就能萬事如意。

然後，她們將精力在電腦桌前耗光了，把青春圈養在浩瀚無邊的書堆裡，再拖著臃腫病態的身體和粗糙邋遢的外表全身心地追逐真善美，並以為這才是內涵的本質。

可最後發現，自己賺再多的錢，升到再高的職位，也挽救不了身體的肥胖、吃相的失態，以及彎腰和駝背。

需要特別提醒一下，雖說這確實是一個看臉的世界，但絕不僅僅是看臉。它也會看你的內涵和氣質。它會看你的臉和身材是不是與你的生活、性格、收入，甚至走路的姿勢、說話的語速和諧地融合在一起，是不是能讓人舒服，讓自己愉快。

所以我的建議是，**不要連基礎生活都沒能力過好，就打著「個性的名義」去追求什麼想走就走的旅行，想花就花的消費。實際卻是：怕沾上油煙，所以不願下廚，然後吃無味的外送食物；害怕獨處，所以混在不相干的聚會中，又害怕熱鬧，然後被迫孤獨。**

真正長得好看的人，都是自帶冷空氣的，那你的背後，為何總是煙薰火燎?實際上，青春歲月確實可以燃燒得再充分一些，但絕不能藉著「無知無畏無所謂」的名義弄得狼煙四起。

在灑滿陽光的街道上，你羨慕那些優雅前行的都市麗人，而自己卻蓬頭垢面，狼狽不堪；在高級宴會上，你聽著別人說很漂亮的客套話，而自己逢人就支支吾吾，甚至都不知如何自處；在朋友的聚會上，你嫉妒那些能禮貌周全地跟陌生人問好的人，而自己卻只能用玩手機的方式來掩飾尷尬……

你想要魅力，想要有品質的生活，就得付出和賣命工作一樣的努力來保養、昇華自己。否則，就只能繼續自卑和等著被輕視。

活得漂亮既包括對自身外表的高要求，同時還需要用活得精緻的態度來對待你的生活。比如出門前認真地把頭髮打理一下，比如洗澡後把肌膚養護得細膩柔軟，比如化妝時把睫毛刷得根根分明……

你會慢慢發現，自己的心情會隨著這些細緻的小舉動莫名地暢快起來，腰會挺得更直，對生活也會多出一些好感來。

要我說，你真應該好好珍惜你身邊每一個敢對你說真話的人，畢竟不是每個人都敢告訴你，你長得有多醜，穿得有多俗！

減重成功的人，減掉的可不只是她那一身的肥肉，
同時減掉的還有以前的自卑和曾經遭受過的白眼；
美化的也不僅僅是自己的容顏和身材，
還有發自內心的豁達。

THEME 19

你並沒有多辛苦，只是比別人更矯情

01

安小姐是我的大學同學。她是唯一一個全程都坐在樹蔭下度過軍訓的同學，也是體育課八百公尺項目唯一一個不及格的女生。

你可千萬不要以為她身體有什麼問題，她很健康，還是校籃球啦啦隊隊長，每次比賽她都擠在人群最前面，是嗓門最尖的那個。

安小姐的形象氣質俱佳，性格也很外向，是那種能把場面話說得很漂亮，把場面事做得很到位的女孩。

剛畢業時，她們寢室四個女生一起去一家外商公司面試，憑藉著那張漂亮的臉蛋和出色的口才，她是唯一被留下來的。但是，對於這個讓室友們眼紅不已的好機會，她只待了二十七天就辭掉了。

她給出的理由是：「一個星期只能休息一天，還隔三差五地加夜班，加班也罷了，做出來的文案還得被沒眼光的主管一遍接著一遍地否定，這工作誰受得了！」

後來，安小姐又換了三、四次工作。但她似乎陷入了一個怪圈：去之前，她對工作的滿意度高達一百零一分；但僅僅過了小半年，她就恨不得給負分。然後辭職、找新工作，接著抱怨，再辭職……

前幾天，她畢業之後的第七份工作在試用期內就終結了，這一次，她是被辭掉的。人事經理給出的理由是：「形象出眾，但工作能力和工作態度大有問題。」

她把人事經理說的內容和說話時的表情學了一遍給我看，然後滿臉委屈地說：「老楊，為什麼那些稍微好看一點的人，畢業兩、三年之後都愛情事業雙豐收，我覺得我也不差啊，而且我還蠻努力的，怎麼連一份穩定的工作都沒法保住？」

我回答說：「長得好看是優勢，但好看只能錦上添花，工作能力才是公司最看重的。如果你沒有能力做底子，又沒有展現出努力學習的態度，再好看都顯得蒼白無力。」

不論是情場，還是職場，你不能解決問題，你就會成為問題。

碰到一點工作壓力，你就擺出一副不堪重負的樣子——「我已經用盡洪荒之力了，好累啊！」、「壓力超大，求安慰。」

碰到一點感情上的不確定就把明天描繪得暗淡無光——「他不會是不愛我了吧？」、「失去他我可怎麼辦？」

碰到一點生活上的不開心就把這段時光當作這輩子最黑暗的日子——「一個人吃飯，好可憐啊！」、「神啊，救救我吧！」

這麼一點事就說難、喊累，就大言不慚地說「我不會」，就悲悲戚戚地說「我好可憐」，但是那麼難擰開的黃桃罐頭蓋，你咬咬牙怎麼就搞定了呢？

明明下定了決心要考研究所，後來上了半個月的補習班，熬了三天夜，就覺得自己已經拚盡所有了。然後自我安慰道：「我再拚怕也就這樣了，考不上也沒什麼吧。」然後，考研究所的夢就放棄了。

明明原本計畫要去歐洲留學深造，後來背了三頁單字，讀了五篇文章，就認為自己已經竭盡全力了，然後對自己說：「那些留在國內的同學不也混得挺好嘛，再說了，好幾個出國的最後都回國了。」然後，留學夢就擱淺了。

明明在暗夜裡發過誓：「我要好好努力，多多賺錢，為了自己能出人頭地，為了父母能過得幸福。」可技能培訓班哪有精彩的相聲有意思，網路教程哪有網紅的文章精彩。然後，發財夢就只能夢夢而已。

你看，你為不想改變、不想努力找了一堆多棒的藉口，你為耐心不夠、能力不足準備了一堆多漂亮的理由。就這樣，那個曾什麼都想要、什麼都敢要的熱血女子，就一點點被你自己否定，變得清湯寡水。

然後，你的夢想之花開始漸漸枯萎，你的青春也隨之下了架。

我擔心的是，你太容易被自己說服了，以至於耗了三年五載，除了變得更會花錢外，毫無長進，最後從一個懵懂無知、敏感脆弱的天真少女，慢慢變成了一個懵懂無知、敏感脆弱的中年婦女。

懶惰、妥協實際上是低迷、不安，或者倒過來。

02

半個月前，因為工作的原因，我和女同事一起去拜訪了盧姐。

盧姐是圈子裡著名的出版人，除了管理自己的出版公司，她還保持每個月十五萬字的速度創作。簡單來說，她特別忙！

正事大約半個小時就聊完了，盧姐卻沒有結束這場會面的意思。她饒有興致地帶我們參觀了她的公司，後來又細緻地描述她對公司的未來規劃，以及她每天的生活。

聽得出來，她很有野心。

臨走之前，我問盧姐：「每個月創作十五萬字已經夠驚人的了，還得照顧家庭、公司，還有很多像我們這樣的拜訪者，你不累嗎？」

盧姐說：「我早就習慣了，習慣了就不累了。」

盧姐剛一說完，我發現一直默不作聲的女同事偷偷地抿嘴笑了。出了門，我問她笑什麼？女同事說：「嘴硬的女生，都很欠吻！」

原來，盧姐不僅很忙，而且超級累，只是她嘴硬不承認罷了。盧姐的老公是德國人，是某汽車品牌的地區經理。盧姐本可以做個悠閒的全職太太，她卻不甘心過那樣的生活，便自己投資了現在的公司。

為了更好地照顧孩子，她親自照料兩個孩子的飲食起居；為了保證創作的進度，她每天只有三個半小時的睡眠時間……她的家人曾勸她放棄公司，她不肯。為了證明自己可以，她從不對外展示她的疲憊、困難，甚至連一點點不好的情緒都自己扛著。

我白了同事一眼，說：「**把發牢騷、鬧情緒的時間花在更加充分的準備上，為證明自己而兀自努力，這哪是嘴硬？明明就是『不矯情』！**」

矯情被很多女生拿來當作對抗現實的理由。比如燈泡壞了非得等男友來幫著換，一個人吃飯時非得來幾句「悽楚獨白」，甚至連家裡缺一枚釘子都能發出「活著真難」的感慨！

感慨了一番，神傷了幾分鐘，之後你卻發現這些事還是得自己來。於是，柔弱的靈魂一天天強硬了起來。

很多女強人，都是小公主變的。畢竟，僅憑賣萌撒嬌，你是搞不定這個世界的。

很多時候，是因為你太矯情了，所以才會把一些小事無限放大、誇張。比如你介意一個人吃飯，那麼一個人吃飯就一定會讓你覺得難受；比如你介意孤獨，那麼孤獨就會令你難過。

其實也只不過就是暫時一個人面對生活而已，但偏偏就是因為矯情，讓一些小事顯得「過分隆重」。

還有很多時候，是因為你內心太蒼白無力，所以才會拿一些情緒來妝點自己。比如把無所事事當作電視劇女主角的浪漫，把優柔寡斷當作藝術家的氣質，把無聊透頂當作哲人的超然物外。

其實，**你不過是想用一些似是而非的傷感、沒有緣由的憂鬱來掩飾自己對改變現狀的無能為力**。

要我說，你只是太年輕了，所以自以為聰明，覺得遇人遇事一點就通，然後一通百通；其實，到了一定的年紀你就會明白，這是心智不全的表現，錯把平日的閒得要死，當成了七竅玲瓏。

我的建議是，不妨先做出點成績來，然後再去強調你的感受。否則，你再多的埋天怨地，怎麼看都像是矯情。

03

孤獨、空虛、乏味，沒愛、沒恨，也沒心情……說的是你現在的生活狀態吧？結婚太早，戀愛有些晚；跟小孩一起玩覺得沒意思，跟大人在一起又沒共同話題……說的是你的尷尬吧？

你像智者一樣安慰那些傷心人，又像傻子一樣折磨著自己；你頻繁地更新社群媒體動態，經常性地假裝開心和無聊，然後又間歇性地狂刪文。你的心情是一會兒晴空萬里，一會兒又烏雲密布；你的心態是一會兒大徹大悟、無欲無求，一會兒是百感交集，愁緒萬千。

你為自己辯解，說這「只是情緒化」，在我看來，這更像是「矯情癌的臨床表現」。對矯情癌而言，生活最沉重的負擔絕對不是工作，而是無聊。

因為無聊，你會去假想一些虛妄的需求：「馬上就畢業了怎麼辦？」、「馬上就老了怎麼辦」、「今天怎麼辦？明天又怎麼辦？」於是，身體不歇，腦子不頓。

因為無聊，你會擔憂戀人的愛情真不真、心誠不誠，又或者思念、懊悔錯過的那些人。「他在幹什麼？」、「和誰？」、「他現在過得好嗎？」、「如果還在一起會怎樣？」於是，嘴在逞強，淚在打轉。

要我說，**想忘卻忘不掉的原因還是因為你太閒了**。如果你每天工作十七個小時，每個月的計畫表都安排得滿滿的，大概你連親媽都能忘掉，何況一個外人？

殘忍的事實是，你在悶悶不樂的時候，這花花世界正徹夜狂歡；你在自怨自艾的時候，厭惡的人在大把大把地賺錢、大口大口地吃香喝辣；你在心灰意冷的時候，前任正一心一意地找著新歡；你在緬懷舊人的時候，你錯過的每一個人都沒空想你！

坊間流傳的一句話：「忙是治療一切神經病的良藥」。深以為然。

一旦忙起來，你就沒空悲天憫人，沒閒心去大談八卦，更不會犯花痴、假文藝。全神貫注的臉上找不到一絲一毫的消極情緒和疲憊，看上去只有隱隱約約一個「滾」字。

不論是情場，還是職場，
你不能解決問題，你就會成為問題。

其實也只不過就是暫時一個人面對生活而已，
但偏偏就是因為矯情，
讓一些小事顯得「過分隆重」。

THEME 20

不屬於你的圈子，就不要硬擠了

01

海螺小姐向我吐槽，說所謂的成功人士都有一張冷漠而且虛偽的嘴臉。

原來是這樣的。前陣子，海螺小姐參加了一個職業女經理人主辦的論壇活動，活動現場有幾個很厲害的女強人撐場，因此也吸引了大批「有志女性」參加。

剛到現場的海螺小姐很興奮，她一邊用崇拜的耳朵去聽演講，一邊又用崇拜的眼光去尋找與大人物交流的機會。在洶湧的人群裡，海螺小姐被擠得快變形了，可一心想著要結識幾個大人物的她也不管這些了。於是她使出吃奶的力氣往講臺前面擠，等到提問環節，她就蹦起來搶著舉手。

如她所願，海螺小姐幸運地引起了一個女強人的關注——她當著所有人的面將個子很小、跳得很高的海螺小姐牽到臺上。

女強人對著所有人說：「我就喜歡這種活潑、上進的人，我年輕時也有這股子野性。」然後，這位女強人將自己的名片遞給了海螺小姐，並且對海螺小姐說：「現在我們是姐妹了，以後遇見了什麼問題，可以直接打電話給我。」

在眾人羨慕的眼神裡，海螺小姐如同中了頭獎的幸運兒，高興得都快飄起來了。然而，活動結束之後的女強人卻儼然變成了另外一個人，不論海螺小姐傳簡訊、打電話，還是傳郵件，她從來都沒有回覆過，更別說做朋友、做姐妹了。

海螺小姐對我抱怨說：「我還曾拿著她的電話號碼和合照向同學炫耀過，沒想到她那麼虛偽。你說，這種人是不是根本就瞧不起我？給我名片不過就是逢場作戲吧？」

我回答道：「不管她是怎樣的人，一旦你覺得她瞧不起你，那原因恐怕有且僅有兩個，**要麼是你與她之間的地位差距太大了**，**要麼是你沒有和她做朋友的籌碼**。」

在功利的社會裡，友情層面的往來，有時候比談婚論嫁更強調門當戶對！

人們常說，在家靠父母，出門靠朋友。於是很多人都做著「出門遇貴人」的美夢。

可是，如果你只是一個微不足道的黃毛丫頭，就算你有時間去看韓國歐巴的演唱會，有空去楊瀾作家的新書簽售會，有幸去參加姚明的慈善晚會，那又能怎樣呢？你想和韓國歐巴合照還是會被保安攔住，你想要換個工作楊瀾也不會擔任你的推薦人，你去上海姚明也不會邀你共進晚餐。

證明你人脈的，不是你社群媒體裡有多少個名流貴冑的合照，而是你遇到困難時有多少人願意幫你；決定你社群媒體等級的，不是你見過多麼厲害的大人物，而是你自己有多麼厲害。

也就是說，人脈不在別人身上，而藏在自己身上，唯有你變得厲害了，你才可能擁有厲害的朋友。

我的建議是，別錯把「認識」等同於「認可」，更不要將人生的轉捩點寄希望於通訊錄，再多名人名片也換不來一個面試機會，打再多照面也不能贏得一個真心朋友。

就算你看起來是那麼誠心誠意，出錢又出力，就算你苦心經營，想方設法地投機取巧，以便攀上個高枝。可結果呢，除了更長的通訊錄，更多更吵鬧的群組，更龐大的微商廣告之外，你什麼都沒有得到。

需要特別提醒那些熱衷於社交的女生們，你自以為朋友很多，一呼百應，而實際上起決定作用的並不是你和他們的情誼，只不過是一些看似前衛的時尚、可以交換的利益，或是喧囂的寂寞罷了。

草率的社交只配擁有幾個泛泛之交罷了——見面時滿臉堆笑，轉過身還得用力回想：「這人是誰啊，幹嘛對我笑？」

二十多歲時，你以為多個朋友就會多一條出路，等你到了三、四十歲的時候就會知道，朋友跟愛情一樣，都無法拯救你。

所以，真的不用費盡心思地搜羅名人的聯絡方式，也不必唯唯諾諾地巴結討好，笑到最後的不見得都是贏家，也有可能是小丑！

02

圈子當然很重要，它決定你接觸什麼樣的人，甚至決定了你的人生。酒肉朋友只會陪你花天酒地，而優秀的好姐妹必定會敦促你向優秀靠攏。但需要強調的是，圈子雖重要，但絕不能隨便鑽，更不能硬擠。

昨天晚上，一直在群組裡默默無聞的M突然退出了群組。我打開通訊軟體的時候，只看到她在群裡的最後一句話：「你們好好聊。」然後就沒有然後了。大家就像什麼都沒有發生一樣，繼續聊著前面的話題。

不一會兒，M又私訊我：「大家有沒有在群組裡議論我？」我誠實地告訴了她答案，「沒有」。她於是傳給我一段很長的訊息，大意是說，群裡有錢的男生一說話，那些女生就跟著聊得熱火朝天；漂亮的女生一張嘴，那些男生就滔滔不絕。唯獨她，說一百句都沒有人搭理一下，留在裡面太尷尬，所以才退群組。

她結尾的一句話是「既然大家都這麼勢利眼，那我乾脆消失好了」。

我想回覆她幾句，可發現她已經把我封鎖了。

不一會兒，有個群聊積極分子在群組發話了：「M是不是有病啊，她一天天到處口無遮攔，誰會願意搭理她！從來不想想自己的問題，還到處說我們群裡的人勢利，真是夠了！」我這才明白，原來M向好幾個人打聽了她退出之後的訊息，並說了退出群組的原因。

隨後，又有幾個人爆出了M不招人喜歡的證據。比如：「天天在社群媒體上PO淨水器的廣告，我都隱藏她了，結果她居然還私訊傳給我」、「節假日發給她祝福和紅包從來都不回」、「群裡討論聚會的各項事宜，她從來不吭聲，誰發個紅包她就馬上出現」、「有一次給我傳了個生日祝福的簡訊，末了居然還向我討紅包」……

人是個奇怪的物種，對喜歡的人掏心掏肺都願意，對招人煩的人則是一絲情面都不肯留，更別提耐心。

每個人都是這樣，對善良大方的人，會用慷慨的模式去交往；對心計頗多的人自然也會招數滿滿。如果你處處設防，別人對你也必定是層層防備的狀態，你坦坦蕩蕩，別人自然也願意對你敞開心扉。

總之一句話，大家對你的態度，取決於你對大家的態度。

如果你不被某個人喜歡，尚且可以質疑對方的「喜好標準」，但如果你不被一個圈子喜歡，請千萬要從自身尋找原因。

我的建議是，要麼就努力讓自己身上有被人喜歡的閃光點——變漂亮、變有錢、變得高情商、鑽研某項特長、增強某項技能；要麼就換一個能喜歡你現在模樣的圈子——

退出舊圈子、交新朋友、加入新團體。

不要把自己不受歡迎的責任推卸給別人，然後像一個受盡委屈的、落難的怨婦那樣，滿世界地控訴。你這樣做的結果只有一個：不招人待見的你，會越來越惹人嫌！

03

與其在圈子裡臥薪嚐膽、強顏歡笑，不如努力提升自己。

曾經不被主流音樂認可的周杰倫，在憑藉他自身的努力變成了時尚音樂的代言人之後，幾乎每一檔歌唱類綜藝節目都能聽到他的作品；曾經備受電影人輕視的周星馳，在香港電影跌入頹勢時力挽狂瀾，如今已然成為了香港電影界的代表人物之一。

你看，他們在不被主流圈子認可的時候沒有選擇妥協，沒有改變風格或者迎合主流社會，而是在暗自努力，讓自己變得更加強大。

一旦你變強了，圈子、人脈、資源就變成了你實力的衍生品，這些東西都是自動吸附過來的，就好像你是高聳的梧桐枝，鳳凰自然會來棲息；你是無邊的大海，江湖自然於此匯聚。

所以我的建議是，不要硬擠進一些看似主流、看似強大的圈子，不適合你的圈子只會拖累你，讓你變得疲憊不堪。在那樣的圈子裡，你找不到存在感，也找不到認同感，就算你會被迫去關注流行的電影、電視劇、娛樂節目，以及流行的遊戲、明星，可還是避免不了自己成為話題的「門外漢」，成為別人熱聊時的「旁聽者」。

更嚴重的後果是，**在不屬於你的圈子裡，你不僅得不到任何的成長，還會讓自己被無形的力量拖入平庸且無聊的漩渦之中**。

要想清楚自己加入某個圈子的目的是什麼？應該是變得更優秀，是為了讓生活更多彩，而不是替自己戴上枷鎖。

減少無效社交和放棄高攀不起的圈子一樣重要。

你要明白自己需要什麼，適合什麼，有什麼資格，而不是哪個圈子的名人更多，哪個圈子的資源更優越你就非要擠進去不可。如果你自己沒能力，所謂的圈子根本就不會給你帶來機會或真心朋友。

但是，如果你的圈子裡有特別招人煩的人，也請控制好自己的情緒。不論是封鎖還是絕交，都要乾淨俐落，切忌說出什麼偏激的話，做出什麼丟臉的事情。

以後你就會明白，**這美好的人世間，真的沒有誰值得你為他情緒失控，導致降低自己教養和人品的價值**。

你呀，就努力做個臉大、心也大的人吧，別跟那些雞毛蒜皮的小事較勁，更不要把時間浪費在不足掛齒的小人身上。正所謂，將軍有劍，不斬蒼蠅！

人脈不在別人身上，
而藏在自己身上，
唯有你變得厲害了，
你才可能擁有厲害的朋友。

二十多歲時，你以為多個朋友就會多一條出路，
等你到了三、四十歲的時候就會知道，
朋友跟愛情一樣，都無法拯救你。

不要硬擠進一些看似主流、看似強大的圈子，
不適合你的圈子只會拖累你，讓你變得疲憊不堪。

THEME 21

我覺得你的嘴，需要一個收回功能

01

肖格格終於結束了對工作餐的抱怨，將話題轉移到吐槽最近的新電影上，我看見大家都鬆了一口氣。

在大約十分鐘前，她從色香味三個方面對員工餐廳提供的餐點進行了全方位、立體式地「聲討」：「世界上還有比這更難吃員工餐嗎？」、「要說食材也都挺不錯的，可全都被廚師糟蹋了。」、「綠花椰菜炒過火了，胡蘿蔔又太生，醬油放得太多了，炸雞腿不健康，只有白飯還不錯，可也不能只吃白飯啊……」

圍坐在一起的同事們面面相覷，大概大家都在想：我這是吃，還是不吃呢？

肖格格自稱「格格」，同事們也樂意喊她「格格」，原因卻不太一樣。她是因為覺得自己樣樣都不錯，像個「格格」，而同事們則是因為覺得她每天絮絮叨叨的，像一隻剛下完蛋的老母雞——「咯咯噠、咯咯噠」。

若只是話多，大家也還能忍，關鍵是她不僅話多，而且還不分場合。要麼是將別人的穿著打扮奚落一番當作是聚會的暖場話題，把別人惹生氣了就補一句：「跟你開玩笑的，至於嗎？」要麼是將自己從裡到外誇一遍，不時還會來一句：「也不知道這麼好看的我，以後會便宜了誰？」再要麼是硬插進別人的私密談話，末了再重複一下她的口頭禪：「我以為多嚴重的事呢！」

誰要是提供建議給她，她就一臉的不屑，外加大段大段的質疑，就好像提建議的人是在故意為難她似的；誰要是談異地見聞，她就用「我聽說是這樣的」來進行矯正，就好像那些見聞她都親眼見過一樣。

生而為人，我覺得要有兩個起碼的覺悟：一是不在人格上輕易懷疑別人，二是不在見識上過於相信自己。有時，你只是錯把見聞當成了經歷，把聽聞當成了經驗而已。

平心而論，那個同事的穿著是沒有你的高級套裝好看，在人群裡你也確實有一點點長相上的優勢，別人的私密話題確實不是什麼大事。

但是，你以為的玩笑對別人而言可能就是刺破傷口的針，你自認為的美麗對他人來說可能只是一副討人厭的皮囊，你不經意間下的結論對他們來說可能是連自己都不敢碰觸的軟肋。

一般情況下，沒有人會小氣到要跟你計較那些善意的玩笑、無關痛癢的指點，以及不折損顏面的拆穿，因為多數人都是有胸懷的，也很有幽默感，誰都願意有個歡樂和諧的交際圈子。

可是，如果玩笑失了分寸，卻不知道反省自己；指點失了偏頗，還以為是智慧；拆穿不知輕重，讓別人難堪了，那究其根本原因，就是智商和情商都有欠缺，教養和素質都有問題。

人和人之間，各有自己的優缺點，拿自己的優點和別人的缺點比，或者用自己的優勢去抨擊別人的弱項，無異於用爬樹的能力來評判一隻魚，這是弱智的表現。

誰都有幾個死黨、好姐妹，你之所以喜歡和她們互相拆臺，除了你們彼此熟悉之外，還因為你們在提及對方糗事的時候，知道避開痛點和雷區，知道哪些敏感的地方應該繞過去。

你該明白，**別人可以忍受你的嘰嘰喳喳，忍受你的後知後覺，甚至也可以原諒你的年少輕狂和桀驁不馴，但沒有人會對你的無知無禮毫不介意。**

要我說，像你這樣口無遮攔的人，真的犯不著去看什麼《蔡康永的說話之道》，《小學生日常行為規範》才是最適合你的。

02

世界上最不會說話的人，一定少不了「男朋友」這個族群。

綠蘿小姐就經常被不會說話的男朋友氣哭。

上週末，綠蘿小姐拉著男友一起去專櫃買化妝品，試用了幾款都不太滿意，尤其是價格。一直幫她介紹的櫃姐不耐煩了，順口就來了一句：「你都試了一輪了，到底買不買啊？不買我就去招呼別的客人了。」綠蘿一聽就不高興了，隨後就和櫃姐小吵了幾句，這時候，一直默不作聲的男朋友突然動身了，他將綠蘿小姐徑直拉出了店門。

拐到人少的地方，男朋友嚴厲地問她：「你能不能要點面子，那麼多人，跟一個櫃姐吵什麼？不買你就走，這有什麼好吵的？」

綠蘿小姐一下子懵了，她以為男朋友會安慰她，然後再說那個櫃姐幾句壞話，卻不料是劈頭蓋臉的指責。

類似的場景很常見。

遇見一個說話溫柔的女生，綠蘿小姐就問：「你羨慕別人家的女朋友是溫柔體貼型的嗎？」

男朋友答道：「我以前談的女朋友都很溫柔體貼啊！」

早起時覺得胃裡不舒服，綠蘿小姐說：「好難受啊，胃裡翻江倒海的。」

男朋友回覆：「哈哈，誰叫你不好好吃飯。」

去飯店吃飯時點了一條河魚，綠蘿小姐說：「我不喜歡吃魚。」

男朋友答：「你多少都得吃一點，吃魚聰明。」

在小店裡買髮夾，綠蘿對老闆說：「便宜點吧，就帶了三十塊錢。」

男朋友搶著說：「別怕，我這還有兩百呢！」

遇到商家打折，綠蘿興致勃勃地說：「這個包包五折買的，省了三百多呢，是不是超級划算？」

男朋友回答道：「你被賣家糊弄了，我覺得這個包頂多就值兩百。」

一起做飯的時候，綠蘿小姐說：「幫忙開一下醬油瓶蓋吧。」

男朋友回覆：「你炒菜的時候不都能單手拿鍋嗎？」

你看，明明只是一些芝麻小事，不會說話的人卻偏偏要擺出一個個能噎死人的大道理，講滿嘴的人間道義，那還談什麼戀愛？拜把子做兄弟好了！

就是因為這樣，每天都有那麼幾個自認為是「正義化身」的男生，從男朋友變成了前男友。

要我說，誰都知道那麼幾句，從別人的錯誤中總結出來的、自己講得頭頭是道的、偏偏一點用都沒有的大道理。但女孩要的是男朋友跟她一起同仇敵愾，而不是冷冰冰的義正詞嚴。

有人說，世界上最浪漫的事情是「和愛的人一起慢慢變老」，是「我們站著，不說話，也十分美好」。**可如果兩個人互相聽不進對方說什麼，或者用語言來互相傷害，那**

還不如和一張桌子慢慢變老。

03

我曾問過一個朋友：「如果拋開相貌、家境這些因素不談，你最害怕和什麼樣的人交往？」

她說：「當然是不會說話的人。和這樣的人來往，就好像是被關進了烏漆墨黑的小屋裡，然後還被迫拿走手機、平板、小說、電視、床，除了黑暗，什麼都沒有。」

不會說話的人大概是這樣的：要麼是把蠢事當趣事說，要麼是把小事當正事說，要麼是別人的話題完全接不上，要麼是給出一個不合時宜的建議或判斷……

他既不懂察言觀色，又分不清利害關係，總能在不合適的場景下說不合時宜的話，或者使用不合適的手段把人都傷出內傷了，還覺得自己很會做人……

這樣的人，留給同性朋友的印象是「可有可無」，送給異性朋友的「禮物」是「一場漫長的尷尬」。

我的建議是，無論你在哪個年齡段，無論做什麼，至少要讓自己說出來的話不使別人不愉快。

《聖經》上有這樣一則故事：兩個信徒帶著一個道德敗壞的女子去見耶穌，問耶穌是否要用石頭將女子打死。耶穌沒有回答，只是彎著腰在地上寫字。兩個信徒就不停地問，耶穌最後反問了一句：「你們中間誰是沒有罪的，誰就可以先拿石頭丟她。」大家一聽就被嚇著了，圍觀的人群和押送女子的信徒也都散了。

這個故事告訴我們的是，當你試圖對一個人、一種行為、一個現象扔去石塊的時候，要反躬自問，看看自己是否已經是無懈可擊了。

所以，不要輕易指責別人，也不要隨便地評論他人。一輩子都在對別人指指點點的人，很可能是因為他從來都沒有認清過自己；不要信口開河地抨擊你親身經歷之外的人和事，也不要站在高處詆毀你理解不了的現象。那些你反覆強調的東西，或許並不是你擅長的，比如說道德或者勤奮。

不要因為無聊就去評判陌生人的生活，也不要藉著「年少輕狂」就對別人的處世之道指手畫腳。矯情的話要盡量憋在心裡，天亮了你就會慶幸沒說出口。

也不要逢人就說你對某事的看法，你不是新聞發言人，沒有人真的在意你怎麼看。可你說了什麼卻暴露了你的智商、際遇和過往，你說出的話裡，藏著你的見識。

特別提醒一下，一些級別比你高很多、資格比你老很多的人，他們笑咪咪地問你對一件事情的看法時，很有可能是在測試你的智商和情商！所以，請時刻帶著腦子。

生而為人，我覺得要有兩個起碼的覺悟：
一是不在人格上輕易懷疑別人，
二是不在見識上過於相信自己。
有時，你只是錯把見聞當成了經歷，
把聽聞當成了經驗而已。

可你說了什麼卻暴露了你的智商、際遇和過往，
你說出的話裡，藏著你的見識。

THEME 22

體面的生活，一定與錢有關

01

有很長一段時間，我對身邊那些拎著ＬＶ包包的部分女生抱有偏見，尤其是那幾個天天趕公車、擠地鐵的女孩子，我一直都認為她們沒錢還背名牌包是「虛榮心過剩」的表現。直到認識Alina，我的這種偏見被極大地矯正了。

Alina有多數小白領省吃儉用的一面，比如經常去最便宜的麵館只點一大碗陽春湯麵，或者去超市買東西時會精打細算對比幾款衛生紙的價錢。然而，她也有多數小白領很難擁有的一面：她會將那些從牙縫裡省下來的錢，「狠心」地買一款超貴的包包。

我問她：「你明明很省，卻為何又這麼奢侈？」

Alina笑著對我說：「生活已經很艱難了，我得適時地給自己一點點獎勵啊！」

三年前的Alina則完全不會這麼想，那時的她認為：「能在這個偌大的城市裡找到一份安穩的工作，能夠立足，就已經很體面了。」

然而現實是，她要不停地跟周圍一群月光族的女同事們周旋，她需要用最合理的消費讓自己兼顧基本生活和看似體面的裝飾，同時她還得不停地找藉口拒絕朋友們發出的旅行邀請、聚會邀請，以及去高檔百貨公司「閒逛」的邀請。

Alina說：「但凡是個有一點自尊心的人，在這樣的城市，在這樣的交際圈子裡，難免會覺得委屈。」她接著說：「後來我發現，錢真是好東西。在之後的半年裡，我開始有計劃地選購一些很貴卻很好的東西，不管是透過省吃儉用，還是透過加班、兼職賺錢。更有趣的變化是，曾經讓我想逃避的逛街邀請、購物邀請、旅行邀請，慢慢地都變成了我生活的一部分；而那些曾讓我嫉妒和厭惡的女同事，也在這半年時間裡沒那麼討厭了。」

對她而言，在自己能力範圍之內，能最大限度地讓自己過得滿足，充滿世俗的小資情趣，這樣不僅能撫慰那敏感的、脆弱的自尊，同時還對得起「生活」二字。

很多平凡的女生都想透過日復一日的忙碌，去換取體面的生活。現實卻是另一副模樣：你每天下班回來時已是疲憊不堪、愁容滿面，然後是整夜整夜地失眠；你獨自蝸居在陰暗的租屋處裡，顧不上蓬頭垢面，就一個人開始攤韓劇、美劇「狂歡」；你躡手躡腳地從滿是衣物的地板上穿行，更別提泡在洗碗槽裡擱了兩三、天的碗筷了……

更殘酷的事情是，同樣是拿到薪水，薪資高的人可以馬上購入最新的iPhone；可以策劃一個月之後的大堡礁七日遊；可以買一款香奈兒經典香水或是愛馬仕新款手提包。

而你，只能微笑著，敷衍過去。

你會發現，金錢不僅可以買來錦衣玉食，甚至還能贏得旁人的認同和尊重。有錢任性，沒錢努力，人生就是這麼殘酷又直接！

一個人若越活越邋遢，大致會遵從這樣一條規律：首先是從鋪天蓋地的抱怨開始，繼而在懶惰中蔓延開來，隨後陷落在異想天開的僥倖中，最後連一丁點反抗的力氣都消失了。

反之，越活越體面的人則有且僅有一條途徑——努力賺錢。因為對錢有了正確認知，並且採用正當方式去擁有，最後採用健康的方式使用它，這樣的人必定會是體面的。

無論如何，還是賺錢最可靠，不然，你心情陰鬱的時候，就只能買兩瓶啤酒、一袋花生，坐在車水馬龍的路邊失魂落魄地哭；而如果你有錢，就能躺在優美的山中溫泉裡，敷上面膜，止住眼淚。

這樣的你，也許圓滑，但並不世故；也許虛榮，但並非底線全無；也許落寞，但絕不落魄！

02

有這樣一個故事：一對平凡的小夫妻，答應替他們的富豪朋友管理別墅，直到其回國為止。一開始，小夫妻倆覺得十分高興，因為能住免費的大房子，擁有華麗的客廳，賞心悅目的花園，寬敞大氣的私人健身房……

在這一年中，他們將體驗所有原本是富人的生活，丈夫對妻子道：「感謝上蒼，結婚那麼多年，我終於也能讓你過上一次體面的生活了！」

然而，入住後不久，為了維持房間的乾淨整潔，妻子不得不每天挽起袖子打掃這近百坪的房子，丈夫也被維持別墅正常支出的高額費用折磨得不堪重負。

在「享受」別墅生活中的每一天，夫妻倆光是打理清掃，就花費了極大的時間和精力，才能勉強維持別墅的體面。這使他們精疲力竭，無心欣賞別墅內的美景，更別提享受別墅內的其他娛樂設施了。同樣，別墅內的高科技以及各種富麗堂皇的裝飾，也大多淪為擺設。

為了節省支出，夫妻倆入冬也捨不得開空調，平日裡僅有房間燈光明亮。因為對於他們目前的薪資水準來說，讓整棟別墅通明，華而不實，想要走到哪都有空調，但他們又負擔不起電費。整個冬天，他們住在寒冷而寬大的別墅裡，丈夫摟著瑟瑟發抖的妻子，抱歉地自嘲道：「本來想讓你過一段體面的好日子，沒想到卻讓你更辛苦了。」

你看，體面的生活從來都與錢相關。那些缺失物質基礎的「體面」，實則是鏡花水月，它並不能給你帶來真正的幸福。

只有提高自身的經濟實力，才足以匹配體面的生活。如果沒有金錢來維持，你的體面往往只是繡花枕頭，這種體面甚至還會使你的生活變得疲憊不堪，時間一長，你就免不了被「打回原形」的命運！

如果你永遠是一面不入流的鏡子，就別指望有一道體面的牆會讓你掛上。

在很多女孩的觀念裡，或多或少都被這樣暗示過：你一個女孩子，只要照看好孩子和會做精緻的三餐就好，你的他會替你遮擋風雨；你只要負責買得起奧利奧（餅乾）即可，你的他會負責你的迪奧和奧迪。

於是，你以為體面的生活就是找個男人嫁了，然後安安穩穩地過日子——晒美食，晒娃，晒莫名其妙的生活瑣事和沒完沒了的家庭聚餐；你認為體面的生活是沒有壓力，沒有競爭，回到家就有公婆幫忙打理家庭，混夠時間就有分毫不差的薪水送進戶頭裡。

結果呢，你慢慢就變成了一個對工作無欲無求、對生活聽之任之的人。

你連新來的同事叫什麼都不想過問了，更別提去研究最新的辦公軟體該怎麼用；你的銀行戶頭裡連買個奶瓶的錢都不夠，更別提想方設法地讓家庭生活更豐富多彩了……

更可怕的是，當你環顧四周，發現體面的生活一直都是別人的：在你牽著三歲半的兒子逛公園的時候，最好的好姐妹已經從英國學成歸來，她那滿臉的自信讓你羨慕不已；在你疊完最後一摞衣服的時候，你曾經的同桌剛剛周遊了南北美洲，她在咖啡園裡和某明星的合照讓你誤以為她就是個大明星；在你從婆婆的冷眼裡接過下個月生活費的時候，突然發現社群媒體裡的好友正晒著在杜拜奢華酒店就寢的照片，你嫉妒的不是她的窮奢極欲、紙醉金迷，而是她比你更自由自主地花錢而毋須看誰的臉色。

於是，你踮起腳尖，想去搆一下自己的、懸於夜空中的、如明月一般乾淨的夢想。可是，在這個碩大的城市裡，你卻有心無力。你轉身再看看那個正在熬夜加班的男人，卻發現他的現實生活竟比你還要像熱鍋上的螞蟻。

03

親愛的，你要明白，根本就沒有什麼與錢無關的體面小日子，很多時候，就連三分體面的生活，就已經要花掉你十分的力氣。

一個普通女生要想過上女王般的生活，在心智上必須跨過三重境界：前兩重分別是「願得一心人，白首不相離」和「歲月靜好，現世安穩」；第三重就是「老娘有錢，關你屁事」。

如果再有人勸你別那麼拚、別那麼在乎錢，你就對他說：「保護世界和平的任務就交給你了，我是個俗人，只對萬惡的金錢感興趣！」

越是難熬的日子，越需要花錢武裝自己。就算長相普通，就算明明遭遇困境、艱難度日，也需要用錢讓自己體面——讓自己看起來光鮮美麗，無堅不摧。

只有有錢了，你才能人格獨立，才能足夠體面。

有錢了，才能生出體面的情緒，才可以讚美你喜歡的，唾罵你厭惡的；才可以自由地選擇愛或者不愛，然後有尊嚴地接納或者拒絕；才可以讓自己的生活品質和個人品味不落俗套，成為普通人裡鶴立雞群的那一個，成為優秀圈子裡不被鄙夷的那一個。

有錢了，才可以在感情的世界裡和那個對的人平起平坐，而不必屈服於任何一種你不屑的潛規則，不必為了任何別的動機去結婚生子！

至於那些天天宣稱「體面的生活與錢無關」的人，也大可不必花費腦細胞去反駁他們，因為他們可能真的不缺錢，但你不是。沒有錢，你根本就無法體面地生活，頂多只能算是「還活著」。

我的建議是，對 Honey 的表白可以再含蓄一點，對 Money 的表白則可以再赤裸裸一些，比如說：「喂喂喂，Money，我最喜歡你，像潑婦罵街一樣，不講道理。」

THEME 23

那麼窮，是因為你太省了

01

「沒有動力去賺錢的時候，就去最好的餐廳吃頓飯。」

說這話的女生今年二十五歲，在巴黎最好的大學念經濟學。供養她的，是她自己。剛到巴黎時，她和她的錢包一樣空癟，做什麼都是小心翼翼的。為了最起碼的生活，她最初是從為人端茶、倒水、洗盤子開始的，打完工去華人超市買最便宜的蔬菜水果，再提著大大小小的袋子去追公車、擠地鐵。

那時候，她的夢想很大，卻是灰色的。她不得不在睡眠極度缺乏的情況下念書和糊口，所以她每天早上都是被鬧鐘逼醒的，然後帶著一個困倦的靈魂出門，與之相配的，是她那褶皺不堪的外套和蓬亂的頭髮。

直到有一天，她路過一家富麗堂皇的餐廳，被莊重的門面和一桌桌精緻優雅的食客震懾住了。她在玻璃窗外站了足足五分鐘，看著裡面那一群穿著體面、打扮光鮮亮麗的人，她感到異常的羞愧。

隨後，她做了一個連她自己都感到意外的決定——她將滿是褶皺的衣服和亂糟糟的頭髮整理了一下，然後走進了餐廳。

服務生的笑容和輕音樂讓她感到舒服極了，她被領到一個靠窗的地方坐下。然後，一份菜單被恭恭敬敬地遞了過來。她做好了「最壞」的打算——大不了吃掉兩個禮拜的薪水。

結果是，她吃掉了一個月的薪水。

可這一次，她沒有覺得心疼，反倒是心態發生了很大的變化，那些美好的畫面、那些精緻的餐具、舒緩的輕音樂、穿著舉止得體優雅的食客時常在她的腦海裡浮現，隱隱變成了一種潛在的動力——「我想要配得上這些」。

於是她開始注重自己的儀表和舉止，開始化一絲不苟的妝，並且賺錢的動力更充足了。而每次路過那家餐廳，就算是去洗碗，她也夢想著有一天也可以成為裡面的那一類人——在每個華燈初上的夜裡，愉快地享用著精緻的晚餐。

之後的日子裡，她總是鼓勵自己去選擇一些好一點的餐廳吃飯，這件事也在不知不覺中成為檢驗她的生活的標準。從第一次走進奢華餐廳時的忐忑不安，到日漸從容；從第一次翻看菜單時的小心翼翼，到現在可以點最喜歡的那道菜也不會擔心破產，這何嘗不是一種進步。

當你坐在一家極具情調的餐廳裡，被一群優雅的人包圍著；當你從容地切下嫩嫩的牛排，並優雅地送進嘴裡的時候；當你在頂級餐廳裡獨自享受紅酒的時候，是不會心疼這頓飯、這瓶酒的價格的，也不會在乎是獨自一個人，還是有親朋陪在身邊，你只會擁有一份堅定的信念：「我要更加努力，去擁有這般優雅的生活。」

在你沒有動力去賺錢的時候，就去好的餐廳吃頓飯，吃最貴的主菜，喝最貴的酒，再看看身邊的人，就知道你距離成功還有多大的差距，保證你出門之後，就打算用百分之兩百的力氣去努力。

02

一個週末，在北京工作的表妹突然傳了一則訊息給我，說她在搬了兩次家之後，職務連升三級，薪水翻了三倍還多。

我驚呼：「風水這麼好？」

她回答我：「不是風水好，是我讓自己升值了。」

對比一年前，表妹現在的精神狀態和那時判若兩人。那時候，她還在西二環的一家外商公司實習。因為實習期薪資不高，為了省錢，表妹不得已和朋友在西六環外合租了一套房子。上班需要公車換地鐵，再換公車，單程超過一個半小時。

表妹逢人就吐苦水：「別跟我說什麼下班時間充電、學習，在路上我就折騰了三個多小時，回家唯一想做的事情是一動不動地躺著，要不就是找個娛樂節目讓自己傻樂一下子，或者是看一部催淚電影讓自己大哭一場，否則的話，第二天根本就沒有勇氣去擠公車、地鐵。」

在短短五個月的實習期裡，表妹硬生生地從「小家碧玉」被逼成了「刁蠻女子漢」。

一次偶然的機會，經朋友介紹，表妹在西四環找到了新住處。距離公司路程也由一個半小時縮短為一個小時，這樣她每天在路上的時間就省出了一個小時，她利用這早晚各半個小時的時間進修了與工作技能相關的網路課程，早上背概念，晚上讀事例。後來，憑藉著出色的表現，表妹成功地留在了這家外商公司。

嘗到甜頭的表妹決定再「奢侈」一把，她在離公司很近的地方租了一間單人套房，房租多出之前三倍不止，但她因此多出了近三個小時的寶貴時間。她每天只需走十分鐘就能到公司，然後以飽滿的熱情投入到工作中，下班了能夠有充足的時間去學習，去看書，去社交。

她反覆向我強調：「能用錢解決的事情，千萬不要用時間。」

對啊，你要用錢去買時間，而不是花時間省錢。因為有時間了，才有精力和機會去換取知識，換取人脈，換取洞見。

在我們身邊，有很多人為了省錢，在買東西的時候東瞧瞧、西瞅瞅，彷彿她看到的東西長了爪子似的，要伸進她的衣袋裡掏錢，而她只能把錢包捂得死死的，才能防止錢被掏空。於是，活得越來越節省，也越來越摳門。

還有一些人，每天上班的時候，在顛簸、擁擠、吵鬧的車廂裡蜷縮一個多小時，到了公司就什麼都不想幹了；每天下班的時候，又擠在汗臭、狐臭以及濃烈香水味交織的車廂裡折騰一個多小時，回到家裡就什麼都不想吃了。

於是，越省錢越疲憊，越省錢越無能，越省錢越窮！

勤奮但不講究效率的結果就是：笨鳥先飛，然後不知所蹤。

事實上，以浪費寶貴時間為代價的省錢，會讓你的效率大大降低，讓你的努力大打折扣，讓你和別人的差距越拉越大。

比如你正準備考某個資格證照，但卻捨不得花錢報名優質的補習班，或者買幾本專業書籍、精選題庫，而是在網路上尋找零碎的、陳舊的、煩瑣的免費資源，然後將大把大把的時間浪費在甄選、判斷和過濾上。

比如你的電腦卡得要死，導致工作效率很低，可你捨不得花錢換臺新的，只能每天耗著，將大把大把的時間浪費在等電腦重新運作上。

因為沒錢，所以拿時間去省錢，但如果沒有任何技能上的升級，就註定了你會越省越沒錢。而你的那些潛在對手、直接競爭者們，只是捨得花錢，就可以把那個自認為努力並以節省為榮的你甩出好幾條街。

03

最可怕的省錢模式是「自虐型」的。

譬如說看見一件不錯的外套，但價格不菲。於是你自作聰明地網購了一款類似的，並安慰自己說：「雖然有一點不一樣，但看起來似乎差不多嘛，最主要是省錢啊。」於是你用不到一半的預算就買下了能勉強接受的外套。

結果呢？買完後大多時候你只能將一切的問題都推給賣家：「你家的東西怎麼品質這麼差，和圖片、文字描述的差別太大了！」再然後，花時間跟人吵，花時間退貨，最後，不得不用另一筆預算買了另一件，但還是穿不出最初看見的那一件的震撼驚豔。

當你以省錢的僥倖心理完成了一次滿意度很低的消費之後，必將透過另外的消費來填補缺失的滿足感。最終，不僅省不了錢，花出去的錢還會「超水準發揮」。

所有的差不多，最後都會報復你。

在你二十幾歲的花樣年華，最重要的事是花錢投資自己，讓自己變得更有賺錢的能力，讓自己擁有自信滿滿的底氣，而不是在最該消費的年紀談省錢。

你要做的是去學習和探索自己擅長的事情，去見識這個世界，打開自己的眼界和格局；你要做的是學會穿衣打扮和化妝，讓自己變得更自信。你會發現，當有了自信的態度、賺錢的能力之時，就能更好地發揮出自己的優勢和潛能，就能吸引到更多、更好的資源。

青春有多短暫呢，也許還沒緩過神就過了。趁著還年輕時，就該讓自己矜貴一點，優雅一些。這樣，才能在青春逝去後，當手掌撫摸那來之不易沒被歲月打敗的珍貴之物時，腦海裡想起曾經那個閃亮的自己，心裡有了慰藉，也有了傲人的底氣。

去買買買，去賺賺賺，去感受年輕生命的豐富和鮮活。而不是一味省錢，壓制自己的欲望，限定住自己的嚮往。任由你再怎麼使勁壓縮生活的品質，也不能更快、更好地到達明天。

你要記住：賺錢和花錢都是一種很重要的能力，哪一種缺少都會讓快樂受損。

但是，需要特別說明的是，不要把花錢的大方使用在對待感情上。**對待感情，你要**

精明，要精打細算。

最好的方法是：廣泛地調查，細心地求證，眼要準，手要狠，用最合理的價錢辦最好的事，讓自己「每一分錢」，盡可能買到最值得的東西。

最好的男人就像貨架上最貴的水果。沒必要緊盯著那最貴的，因為在它新鮮的時候，你消費不起，等到打折時就差不多壞掉了；也別貪小便宜省錢買最廉價的，爛水果吃了一口，你吐都來不及。

你要用錢去買時間，
而不是花時間省錢。
因為有時間了，
才有精力和機會去換取知識，
換取人脈，換取洞見。

勤奮但不講究效率的結果就是：
笨鳥先飛，然後不知所蹤。

賺錢和花錢都是一種很重要的能力，
哪一種缺少都會讓快樂受損。

THEME 24

獨立的前提是二頭肌和存款

01

晗晗是我見過最能幹、最獨立的女生，瘦瘦小小的身體架著一張精緻的臉，既幹練，又自信，渾身上下透著一股爽快勁。

做為「海歸女」，晗晗剛回國就在一家金融公司謀得了一份薪水可觀的職位。憑藉著精明的投資眼光，晗晗僅用三年時間就賺到了新房的頭期款，新房位於城市的富人區，從她家的花園陽臺上可以直接看見海平線。

週末的時候，晗晗就獨自去沙灘晒晒太陽、游泳、拍照、思考。用她自己的話說，她可以把一天安排得非常滿，從來都不會覺得一個人待著會無聊。她不允許自己變胖、變醜、變窮，所以她在努力工作之餘，每天都堅持跑步，並且注重飲食上的健康和精神上的補給。

同事們問她：「你那麼忙，怎麼還有時間跑步啊？」

她笑呵呵地說：「再忙也得抽空跑啊，畢竟目前我跑步的名義還可以說成健身，而不是減重！」

大概是生活中獨來獨往慣了，大家會以為晗晗是那種「因為家境一般而故做堅強的孤僻女生」。但實際上，晗晗小姐家裡超級有錢，他的爸媽都有各自的公司，也都爭著邀請晗晗去幫忙，但晗晗似乎並不感興趣。她想要自由，也想自己闖闖。當年出國留學時，晗晗遭到了爸媽的強烈反對，為了這份自由，她沒有接受爸媽一分錢資助——她自己打工賺錢繳房租，自己修水龍頭換燈泡，做飯修電腦更不在話下。

在最艱難的時候，有個有錢的男生追求過她，條件是搬到男生家裡和他一起過，她像隻憤怒的獅子一樣把男生攆走了；在她事業剛開始的地方，有個投資人想從她那裡套取一點內部訊息，條件是送她一款香奈兒的經典包包，她二話不說就撥通了檢舉電話，嚇得那個投資人撒腿就跑。

好姐妹知道了，就罵她傻，說她有毛病。她用一口濃濃的東北腔說道：「傻就傻唄，你覺得我有毛病，那我就是有毛病唄。那咋辦？」

好姐妹白了她一眼說：「你一個女孩子，怎麼可能事事都順心如意？裝傻也不可能啊！」

她說：「當然也有不開心的時候，我就仰著腦袋做個深呼吸，然後提醒自己，不過是糟糕的一天而已，又不是糟糕一輩子。」

你看，真正獨立的人，可以用一本書、一雙跑鞋、一個電話、一句雞湯來對抗整個世界。

她懂得如何照顧好自己，在事物面前有自己的判斷；她懂得在不好的事情發生時能穩住自己的情緒，**她有能力抵消因獨立而產生的孤獨，也很少表現出因孤獨久了而產生的攻擊性**。

她不會輕易被廉價的言論和情感煽動，因而會對自己的每一個決定負責；她不會受困於別人施捨的恩惠或強加的權威，卻會因內心強大而生出一種體恤式的溫柔。

在我看來，真正的獨立是不依附、不恐懼，是能夠把那些蒙蔽自己的概念和成見，像剝筍一樣一層一層地剝去，露出裡面很鮮嫩、很清澈的那股勁。

每個人都盼著能獨立，但是獨立的前提是你有足夠的本錢——要麼有本事，要麼有存款。

如果你連完成任務的基本能力都不具備，那主管的批評、輕視有什麼不合理？對你的指指點點有什麼問題？同事對你的忽視又有什麼不正常和難以理解的？你總不能自己明明是一根朽木，還盼著別人把你當作頂梁柱吧？

如果連自給自足的能力都沒有，那父母的苦口婆心有什麼不對？對你絮絮叨叨又有何不可？你總不能一邊宅在家裡啃老，一邊喊著人權自由吧？

窮困潦倒一陣子，其實並不可怕，可怕的是它變成你人生的常態！

是的，二十幾歲的年紀，你確實可以仰仗年輕和親情，肆意妄為地把個性當能力，把青春當本錢，但之後想繼續過得好一點，物質基礎必須要牢靠。

殘酷的現實是，好看可以是天生的，但一直好看，真的得有錢。那些讓你眼紅的苗條身材背後，可能是在健身房裡用錢砸出來的；那些讓你嫉妒的吹彈可破的肌膚，可能是在護膚品專櫃上刷卡刷出來的。

每天要為五斗米憂愁煩惱的人，就算美，也一定美得不牢固，就算獨自生活，也一定活得不自在。

你要記住，欺負別人和養活自己，你都得自己來。

02

好友CC幫女兒辦滿月酒的那天，我因事沒能參加，就發給了她一個紅包，結果到晚上十一點多，她回覆我：「心好累！」原來，CC本來就緊張的婆媳關係在生下女兒之後進一步升級了，同時受影響的還有與老公的關係。

CC的婆婆是個傳統觀念很強的人，她一心想要一個孫兒來傳宗接代，在得知孩子是女孩時，婆婆甚至拒絕去看望孩子。

更傷感的是，CC沒有工作，她本想著在家做個相夫教子的家庭主婦，結果一生完孩子，發現到處都需要花錢。她曾慫恿老實的丈夫向公公婆婆要，結果每次要來的都是象徵性的一點——連支付一個月的尿布費用都不夠。

無奈之下，ＣＣ只好厚著臉皮回娘家。但不知道婆婆從哪裡聽到了消息，說ＣＣ是嫌棄他們家窮，要帶著孩子出走。於是，當ＣＣ抱著孩子在大街上散步的時候，婆婆氣勢洶洶地趕來了，她一把搶過孩子，又一把推倒了ＣＣ……

ＣＣ說，在那個眾目睽睽的尷尬時刻，她突然明白了一個道理：女生手裡要常備著的不只是嬰兒的奶瓶，而是紙巾——是在被人欺負時候，第一時間能夠拿出來堵住眼淚的紙巾，是在大庭廣眾面前跌倒受傷後能夠拿出來止血的紙巾。

我頓時覺得淒涼，很認真地反駁她：「不是奶瓶，也絕對不是紙巾，而是錢——是在生完孩子之後，第一時間就能為孩子準備好一切的錢，是在大庭廣眾之下被婆婆堵住時讓她「住手」的底氣！如果你連買尿布的錢都不夠，又拿什麼來交換尊重？你連跟他們平等對話的底氣都沒有，又怎麼可能擦得完眼淚或血？」

生活上依賴別人，又希望得到別人尊重，這是不可能的事啊！

在這個功利的時代，大家都在向女孩子強調肉體上的自愛，卻很少教育她們精神上的自愛。比如不輕易開口向別人索取禮物，比如想要的東西和想過的生活都要靠自己的努力去爭取而不是坐享其成。

事實上，對於靠索取為生的人，有錢的家庭看不起你，沒錢的家庭也養不起你，你早晚都會成為別人的負擔和困擾。

關於人生，你從來都不是觀眾，而是執筆的編劇，所以結局，你還能自己說了算！

若想過體面的生活，首先要讓自己經濟獨立。這種物質上的從容，能給予獨立的條件和底氣，讓你不必拚命地想嫁給一張長期飯票。

只有經濟獨立了，你才有底氣做其他事，才有資格要求其他人。這樣的你，不怕自己三十歲沒結婚會被人嘲笑，不必擔心爸爸媽媽咆哮地說女兒這樣單身很丟人；不會擔心自己付出了努力和勞動依然不被主管尊重，更不必計較哪個同事有意無意地挑撥離間；不會因為嫁入豪門而卑微懦弱，也不會因為將來哪天生了個女孩，而需要去跟婆婆說「對不起」。

這樣的你不會將就，不會害怕，也不再懷疑自己到底是不是又做錯了什麼，更不會膽戰心驚地想著「身為女人，是不是就應該活得如此身不由己，是不是應該就此認命」。

若是將來嫁個富裕人家，也不必被旁人的嫉妒攪亂心緒，因為你明白，別人的始終是別人的，唯有自己掙來的，才是自己的。

若是嫁個窮人家，更不會在乎別人的冷嘲熱諷，因為你知道，麵包或香水你自己都買得起，他給你愛情，就足夠了。

年輕時，你瘋狂地喜歡「帶我走」這三個字，但遇到過幾個爛人，有了幾場難堪的際遇，你就不該再讓任何人帶走了。你要學會自己走。

03

在踏入成人的世界之前，大多數女孩子都會接到長輩們給的「錦囊妙計」——找個好人家。而好人家的範疇無非是有錢，有才，有人品，別只看相貌，當然了，最最要緊是有錢！他們在潛移默化地向女孩們傳遞這樣的資訊：「你這一生再怎麼拚，也無非是靠男人而已。」

首先得承認，人這一輩子幸不幸福，一定是與結婚對象有很大的關係，但絕不是唯一因素。如果你將男人視為謀生的工具，那就註定是受控於人的。

一個不容爭辯的事實是：**沒有經濟上的獨立，就缺少自尊；沒有思考上的獨立，就**

缺少自主；沒有人格上的獨立，就缺少自信。

只有當你窮困潦倒、離群索居時，才會發現，你所深愛的這個世界其實並不愛你。

若是把命運託付給他人，將來的日子註定只有兩種結局：一種很美好，是生活平靜到令你可以無欲無求，可以安心地虛度時光；另一種很煎熬，是生活裡充滿了無窮的變數，讓你對任何事情都提不起興趣，也不敢對生活再提任何要求！

一個獨立自主的人生，就是能對自己的生活和靈魂負責，而不是把身子一歪，靠到誰算誰。

畢竟**男人只是你未來的一個選項而已，有他更好，沒有他也沒什麼不行**。所以在面對這個選項之前，你要先經營好自己——既有過體面生活的本錢，也有獨自生活的能力。

這樣的你，就算是選錯了，也不至於落魄，因為在選擇之前，你已經是獨立的、完整的自己；這樣的你，永遠都有重新開始的底氣——無非是換個人再愛一次，而不是唯唯諾諾地被綁在這個人身邊。

給所有女孩子的親朋好友們一個建議，不要再問她的男朋友「在哪裡工作」、「一個月能賺多少錢」、「他爸他媽做什麼的」、「家境如何」這些問題，而是要問她：「和他在一起，是否快樂？」

你想快樂，想要幸福，除了努力打拚，自給自足以外，最核心的一點是：千萬不要愁嫁。**只有當你有了足夠的錢，見了足夠多世面，才能很清楚地分辨男人對你的假意和真心**。沒有物質根基的女孩，在婚戀中註定會被對方掌控，並輕而易舉地產生自卑感。**只有自己有錢了，才會有更多的選擇權**。不管你愛與不愛，幸福感都會撲面而來。畢竟，這個世界從來就是獨立男女強強聯手的世界，**至於沒錢的男女，婚姻不是在疲於奔命，就是在湊合**。

換句話說，你努力讓自己變成有錢人的目的，只不過是讓自己的愛情更加純粹一點，離幸福更近一些。怕就怕，當別人都在想著改變世界、改變自己時，你卻只想做一條棉被，不是躺在床上，就是在晒太陽。

THEME 25

喜怒形於色，是需要本錢的

01

Kate是個家境很一般的女生，剛一畢業就背井離鄉地到異地求職，沒有經驗撐腰，沒有親朋陪伴，她就像一隻無頭蒼蠅到處亂闖，又像一個虔誠的信徒——小心翼翼又滿心期待地祈求好運降臨。

在投了幾十份履歷、打了十幾通求職電話之後，終於有一家公司通知她去面試。為了能抓住這次機會，Kate幾乎試穿了市中心幾條大街所有陳列衣架上的套裝。

面試的那天是個下雨天。Kate腳踩七公分高的高跟鞋，外加一身單薄的小西裝。雖然冷風冷雨很是刺骨，但Kate的心裡卻湧動著一股熱氣，大概第一次參加面試的人都是這樣的吧。

抱著莫大期待到了面試的地方，迎接Kate的卻是接二連三的「冷水」。首先是面試時間，說好是九點鐘，卻硬生生地拖到了十一點，而且沒有任何解釋；後來好不容易等來了面試官，他卻一副「我很忙」的樣子，不時地看手錶，而且語氣冰冷得讓自己像是在和一個打開門的冰箱對話。

然後，他只提了兩個不痛不癢的問題，就把Kate和她的求職資料「轉交」給了一個看起來不到二十歲的女同事。並且低聲囑咐了一句：「你送她出門，把資料留下，就這樣吧！」

巨大的期待和過分敷衍的面試過程，落差大到讓Kate有點懵。她從會議室出來的時候，為了追上快關門的電梯，腳還扭到了，惹得電梯裡的人咯咯地笑；走出大樓沒多久，一個騎自行車的年輕人急速衝過來，差點將她撞倒，在她踉蹌的時候，一隻胳膊碰到了另一個女生，對方「打賞」給她一個凌厲的白眼；過馬路的時候，一輛黑色小轎車又對著她使勁地按喇叭，司機嘴裡還念念有詞……

她回憶道：「那一天，我整個人都是冰涼的，感覺就像被全世界拋棄了，而且還有人在攆我，催我快點走開！」

出乎 Kate 意料的是，她最後得到了那份工作。她從最初的「碎紙機管理員」、「檔案管理員」這樣毫無分量的角色開始，付出了比任何時候的自己、任何同齡人都多的努力，最終成為了公司裡備受器重的人。而那一天——那個下著雨、充滿嘲笑和敵意的面試日，也變成了 Kate 生命中最有價值的一天。

她說：「那天讓我懂了一個道理，**在生活中，看笑話的人永遠是不計其數，能替我解圍的人則是寥寥無幾。所以，我必須靠自己努力。**」

你總得見過一些旁觀冷眼，挨過一些疾風驟雨，走過一些暗無天日，也許當時很絕望，但過些年回頭再看，卻會真心感激那段日子。那些很陰冷的雨天，其實幫今天的你加分了。

作家劉瑜曾說：「有時候，人所需要的是真正的絕望。」**所謂真正的絕望，其實跟痛苦、悲傷沒有什麼關係，它是一個契機，一個可以讓負能量、壞情緒、倒楣事產生化學反應的東西。它能讓你更決絕，更堅韌——既能心平氣和地接受絕望，又能積蓄絕地反擊的力量。**

是的，命運沒有給你一飛沖天的翅膀，可絲毫不影響你擁有翱翔的美夢；生活雖然沒有給你傲人的能力，卻給了你不服輸的勇氣和不放棄的定力！

所以，請一定要靠自己努力！不然，你還能指望誰呢？

難道能指望在你異地漂泊，寂寞得只能和影子聊聊天的時候，會出現一個善解人意的男人，牽著你的手赴盛大舞會，然後還能蹲下來，為你穿上玻璃鞋？

難道能指望在你被「恨天高」的便宜高跟鞋折磨得步履蹣跚的時候，會出現一個儒雅大方、溫柔體貼的男人，能扶著你的胳膊，或者乾脆把你抱起來，送進等待已久的糖果馬車裡？

難道能指望在你因為工作瑣碎而怨聲載道的時候，會出現一個妙語連珠的男人，能逗得你捧腹大笑，或者乾脆就脫下燕尾服，幫你把問題一一幹掉？

難道能指望在你大齡、邋遢、被家人嘮叨的時候，會出現一個蓋世英雄，他會身披金甲聖衣、駕著七彩祥雲來娶你？

別做夢了！喜歡童話或愛聽傳說，這些都不算什麼問題，但如果你活在這些虛幻之中，那就太可怕了。

請你記住，騎士和王子，都被那些比你好看、比你能說會道、比你堅強能幹、比你聰明自信，比你優秀得多的女性給搶走了！

至於上帝、關公、月老或者土地公，哪個不是大忙人？你的努力和流汗如果不能夠誠心誠意，不能夠讓你變得更優秀，那誰會有空來白白地贈予你好運氣？

02

因為工作的緣故，不久前加了一個編劇群組。裡面有個挺多話的女生叫杏兒，杏兒說什麼都會帶著一股酸味。誰買了新手機，她就會來一句：「喲，好野人啊，又換新手機了！」誰要是出門旅行了，她就會在別人的旅遊照下面評論道：「嘖嘖嘖，真是有錢人啊，三天兩頭就出去玩。」更可怕的是，她將群組裡所有的人都加為好友，然後，只要你社群媒體一發文，她一定能說點什麼，而且是一則不落！

可奇怪的是，儘管她是這麼愛熱鬧的人，大家在聊天時總是有意無意地躲避她。出於好奇，我找群主聊了一會兒，才知道這位小姐不僅熱鬧，還喜歡湊熱鬧，社群媒體裡誰過生日，誰升職了，誰換新房子了……但凡是個聚會，她都喜歡拉近關係地湊上去。

於是，她一邊蹭著各種聚會，一邊在聚會時說酸言酸語，一邊卻又是「次次不出錢、不出力、不出禮」。彷彿在她看來，別人都不缺錢，就數她最窮，以至於別人請客吃飯成了天經地義的事情。久而久之，大家就不愛跟她一起玩了。

有一天，她突然在群組裡問：「大家都怎麼了？怎麼什麼事都瞞著我啊？我看見你們誰誰誰發的聚會合照了，為什麼沒有人告訴我？」

有人直白地回覆她：「你說話酸，做人也寒酸，大家當然不愛跟你玩了！」

她瞬間爆發了，委屈加生氣地傳了一堆話，大致是說，她就是這樣直截了當的人，她覺得自己很真實，很瀟灑。末了，還補充了一句：「既然這樣，我退出好了。」然後，她就在群組裡消失了。

沒有人挽留，沒有人惋惜，大家多的是一份輕鬆，像是鬆了一口氣那樣：「哇，你終於退了！」

其實我想說的是，錢你沒多少，話你不會說，人你也不會做，只是一門心思地想從別人那裡索要尊重和交際，這本來就已經是空中樓閣的事情，能維持這麼久，說明群組裡還是好人多！

更好笑的是，你以退出的方式來表達不滿，以為自己在群組裡很重要，高估了自己的地位，這個舉動根本就沒有懲罰到誰，因為這對大家而言，更像是解脫！

當你在心裡認定了別人多付出是理所應當時，寒酸就已經刻進了你的骨子裡；當你從根本上就不接受「禮尚往來」的遊戲規則時，孤獨就註定會占據你整個生活。

世界上有太多普通人，只想在平凡框架裡做出不凡的改變，然後幻想獲得耀眼的光環。可惜往往是只有膽量，沒有能力，結果是花樣越多，越惹人嫌！

其實，喜怒形於色，是需要本錢的。做個招人喜歡的人，過自己想要的生活，更是如此。只有當你強大到一定地步，才會有隨心所欲地講真話的底氣；只有當你有了足夠充足的本錢，才能真正地享有得心應手的活法！

03

一個姑娘家，既要有敢做自己的膽量，更要有能做自己的本錢。

不是你覺得自己有個性就有個性，要世界承認你有性格才真是有性格。除非，你後半輩子都與他人再無交集。可你也知道，這是不可能的。

在準備做一個任性之人前，請先反問一下自己：你是覺得自己夠聰明、夠漂亮嗎？還是既自信，又聰明，還很漂亮？你是覺得自己的家庭能夠承受得起自己的任性？還是你既家世顯赫，又富甲一方？又或者說，你是有女主角的運氣，還是有女主角的魅力，以至於能有一個死心塌地的男朋友，願意一輩子寵愛你、縱容你？

我想提醒的是，任性的精髓，不是懈怠，不是打破規則，更不是偷懶，而是你明白自己要成為什麼樣的人，然後有能力成為了那樣的人！

事實卻是，敢於做自己的勇氣，你是一點都不缺，可是能做自己的底氣，你是一點都沒有！

無數的事實都在揭露一個殘酷的真相：**你所有的憤怒，基本都是來自沒錢；你所有的勵志心態，基本都是來自於想要賺錢；而你所有的幸福，基本都是來自於有錢。**

是的，這是一個一睜開眼睛就要花錢的年代，卻不是一個一出門就能賺到錢的年代。是的，花錢太容易，賺錢太難。但是，這不是你懶惰的藉口，而是應該更加努力變美、變強、變有錢的理由！

當你瘦出馬甲線，錢包裡都是自己努力賺來的錢的時候，就會恍然大悟：哪有時間浪費在患得患失上，哪有精力去猜東猜西，哪還需要迎合別人！

這時候的你，才可以過自己想要的或精緻或任性的生活；才可以讓父母無憂無慮地安享晚年，在和親朋好友、左鄰右舍談論你時一臉的驕傲或者安慰；才可以和喜歡的人，做喜歡的事情，去喜歡的地方……

這也意味著，你已經結束了愚笨稚氣、人窮志也窮，還總被男人騙的天真歲月。這時的你，已經不會再期盼什麼天賜的好運氣，因為你本身，就是上天贈予這世界的禮物。

任性的精髓，不是懈怠，
不是打破規則，更不是偷懶，
而是你明白自己要成為什麼樣的人，
然後有能力成為了那樣的人！

世界上有太多普通人，
只想在平凡框架裡做出不凡的改變，
然後幻想獲得耀眼的光環。

THEME 26

你和女神之間，只差一根筋的距離

01

Tina身上總有一股子邪氣。做為一位小有名氣的插畫家，Tina既創作獨立繪本，也抽空為一些雜誌社提供畫稿，她最大的特點是完稿「特別慢」，而最常見的手段是「自虐」。

據不完全統計，我每個月想封鎖Tina的念頭超過了十次，原因很簡單，但凡是她有什麼新作品出爐了，都會傳訊息給我「過目」，可我這個外行人哪裡看得懂啊。為了在Tina面前維護自己「讀書多、見識廣」的光輝形象，我每次都會絞盡腦汁拚命地想詞，然後再頭頭是道地誇一遍，什麼「構圖不錯」、「色彩很吸引人」、「立意很好」……

說完了，她就消失了。

大約過了兩個小時，手機通知響起，點開一看是Tina，傳的還是那幅畫。我以為她傳錯了，沒當一回事，誰知隔了兩個小時，她又傳來訊息，還是那幅畫。於是我們就有了下面這些對話：

我問：「什麼意思？」

她說：「還能什麼意思，讓你提供點意見唄。」

我說：「我不是上午已經說過了嗎？」

她解釋道：「後面傳給你的兩幅不一樣。」

我又問：「哪不一樣了？」

她說：「第二幅改了右上角的那女生的眉毛寬度，第三幅加了一個耳洞，還有……」

我打斷她：「你開什麼玩笑？這我哪看得出來，再說你有必要這麼頻繁地修改嗎？」

她不急不躁地回答：「客戶虐我千萬遍，我待客戶如初戀。」

我咆哮道：「那你回去虐客戶啊，虐我幹什麼？」

咆哮歸咆哮，但我對Tina的崇拜並不比咆哮少。家境殷實的她，智商情商雙優，貌美還內秀。她本來可以過很多人羨慕的那種優哉遊哉的美麗公主般生活，卻偏偏把自己活成了美少女戰士！

大概是因為這股較真的勁，Tina已經受邀參加了好幾檔大型畫展，各類約稿更是源源不斷。雖然她一如既往地「特別慢」，但不妨礙別人「願意等」。

對於Tina來說，管它天昏地暗，暴風驟雨，只要還能穿上S號的上衣，二十四號（腰）的牛仔褲，能獨自安靜地畫稿和改畫稿，這個世界就還不算太糟。

Tina的口頭禪是：「如果累了，要學會休息，而不是放棄。」

Tina其實也焦慮過，那是去年冬天，只見她用左手托著腦袋，右手一杯接一杯地往嘴裡灌咖啡。是的，她遇到了很多插畫家都會遇到的問題——「突然沒有靈感了」。那時候，她正在創作她最為重視的繪本，她將它看得很重，因此在較真的行事風格裡又提升了不知道幾個等級的「苛刻」。

畫稿越來越多，她卻越來越煩亂，甚至極少見地失控了，自顧自地嘟囔著：「不畫了，不畫了，這都畫的什麼破玩意兒。」可沒過三分鐘，就見她像是被什麼激發了靈感，突然從口袋裡掏出一支畫筆，趴在桌子上畫了足足一個下午……

其實，人與人差別最小的是智商、運氣這些先天不可控的，差距最大的是努力、堅持這些可以控制的因素。你之所以體重降不下來、健身沒什麼效果、能力提升不上去、問題解決不了，其實天賦、出身等不是最大的原因，最大的原因是你缺少韌性。

換言之，**沒毅力才是你最大的短處**。

你羨慕別人「反手摸肚臍」的身材，卻忽視了別人每天呼哧呼哧地流汗鍛鍊和科學合理地自律；你嫉妒別人「年少有為」，卻漠視了他們比你多出數倍、乃至數十倍的辛苦努力和無畏摸索。

你佩服所有能隨時隨地都能靜心看書的人，自己也準備了一大疊，還挑了個晴朗又悠閒的日子，選了一家文藝又安靜的咖啡館。但你不是坐下來就看書，而是先得把所有社群媒體挨個滑了一遍，挨個按所有人的讚，然後再幫書封拍張照，上傳社群媒體，再糾正好椅子的距離，調整一下坐姿，整理一下破爛的情緒，等到最後，把周圍環境和人都細細品味評價一番，內心戲也殺了青，確定一切就緒了，才發現「好睏啊」……

你努力得那麼舒服，自然就平庸得那麼徹底。

嗯，沒有什麼事情重要到連「我睏了」都不能停下來的，也沒有什麼事情是「我很懶」解釋不了的。

02

三個月前，因為要諮詢一些旅行的事情，我經朋友介紹認識了寫旅遊專欄的K小姐。一來二去，我們倆竟然成了無話不談的好朋友。讓我吃驚的是，這個年僅二十六歲的文藝女神竟然隻身周遊了一百多個國家。

你可千萬不要以為她是占了旅遊公司的便宜或者是借了什麼人的光。作為經常熬夜的寫稿一族，她出門的時間都是自己擠出來的，從來沒有因為出遊而占用工作時間；作為一個靠「賣字」賺錢的女孩子，K去的任何一個地方都是自費的，從來不會因為想玩而依賴他人。

K每年都會設計一份旅行計畫表，每完成一個就劃掉一個，她向我展示了她的成果：在一本厚厚的筆記本裡，記錄著她上半年去過的地方的名稱，短途、長途都有，其中還有她旅行之後的印象感想、吃過的美食以及遇到的人。

我問她哪來這麼多的時間和精力，她笑著說：「買好機票，你就有時間了；到了目的地，你就有精力了。」

原來阻止一個人出門旅行的原因往往不是「沒時間」、「沒錢」，而是沒有備足「為熱愛買單的意願」和「為熱愛採取行動的毅力」。

K知道自己為了什麼努力，她說：「**我所有的努力，是為了有能力做些真正喜歡的事，遠離討厭的人，不必強求他人歡心。**」

她每週需要寫三篇專欄文章，另加不計其數的企劃案。熬夜對她來說是再正常不過的事情，獨自一個人在偌大辦公室裡奮戰到凌晨三點也是常有的事。

但是，如此忙碌的工作並不影響她選最合身的衣服，化最精緻的妝，準備最齊全的行李，規劃最細節的旅程，然後去所有她想要去的遠方……

一個女孩，若還有追求美好生活的意願和行動，她的生活就不會是一條死胡同，就不會陷入了無生趣、無所適從的窘境，就不存在什麼窮途末路。

你也想要努力，社群媒體上沒少PO勵志的豪言壯語，可現實中總是沒來由地覺得「沒精神」、「沒意思」、「不想做」；你也曾羨慕女神的美麗和魅力，在心裡默默對她按讚的同時，也隱隱約約有了「向她學習」的念頭，可一看到吃的就停不下筷子，一到跑道上就邁不開腿，一進健身房就喊累。

你看，明明是你自己放棄了努力，卻還一邊仰著脖子奢望幸福，一邊又喋喋不休地抱怨命運，像極了一個行走著的「負能量體」。

可別忘了，做人要麼就卯足了勁往上爬，要麼就會爛在社會最底層的泥潭裡。

我知道堅持很難，堅持要比放任難一百倍，就像健身時流一身汗很容易，但因健身瘦下來很難一樣。我知道堅持的感覺很糟糕，就像一個茫然地站在路口的路人，不知哪條路會通往光明，哪條路能迎來春天。

但我想提醒你的是，沒有人能夠心想事成地過每一天，也沒有誰能夠一帆風順地過一生。既然根本就不存在手到擒來的好事，那說明誰都會遇到這樣或那樣的問題。不同的是，有的人在問題出現時咬著牙關挺過去了，有的人則是在問題面前退卻了。

挺過去了，你的人生就好像翻越了命運的分水嶺，快意的人生就隨之而來；而挺不過去的人只能一直唯唯諾諾，一直無所事事，一直沒有招架之力。

當你以為躲避的是困難和麻煩，實際上你是躲避了變成女神、活得體面的機會。

今天的事情慢半拍，明天的事情再拖一拖，就算你幸運地找到了成功的鑰匙，就不怕有人換了一把鎖嗎？

03

不知道從什麼時候起，我們身邊圍繞了各式各樣的「心靈導師」。

你單身時，他們就語重心長地提醒你「再挑就真的剩下了」，然後用恨鐵不成鋼的語氣對你說：「眼光不能太高，差不多得了。」

你談戀愛時小打小鬧了幾次，他們就勸你「還是趕快分手吧」，然後以一個過來人的口吻對你說：「你們倆不適合，分手要趁早」。

你正在為某個考試埋頭苦學，他們就來苦口婆心地勸告你：「女孩子沒必要這麼折騰自己」，然後像個聰明人那樣對你說：「人生苦短，要及時行樂」。

你看書、學插花、健身、學廚藝、看新聞，他們打手遊、看連續劇、聊八卦，然後，滿是不屑和疑惑地問你：「你做的這些都有什麼用？」

他們不知道，這個世界上有很多事情的結果不是三、兩天就能顯現出來的，於是他們不斷地勸你「放棄吧」。

有的乖乖女照他們的話做了，結果變得和他們一樣，八卦又無聊；有的倔強人則把他們的話當作了耳旁風，結果活出了他們羨慕的樣子。

好看的人，如果只是對抗醜陋和衰老，其實還是挺容易的，但是，**「好看」最大的敵人是平庸，是活得乏味還心安理得**。

是的，一次做二十個伏地挺身很難，每天背五十個單字很難，遭遇了不公平的對待之後靜下心來很難……但是，你要知道，總有一些人一次能做五十個伏地挺身，每天能背二百個單字，被別人冤枉得眼淚汪汪了，還能做完一大篇閱讀理解……

其實，誰都沒有超能力，這些「超人」只是比別人多一點點堅持和耐心。因為他們知道，**那些看起來很近、走過去又很遠的目標，缺少了耐心就永遠走不到頭**。倒是妥協和放棄會異常容易，但凡是心裡閃過一點點放棄的念頭，四肢的力馬上就沒了。後果當然也十分嚴重——你再也不可能為此重燃鬥志了。

我的建議是，不要高估自己在一天之內能完成的事情，也不要低估自己在五年之內能完成的事情。

無論是為了增長本事，還是為了修練氣質，沒有來由地堅持一些小事，沒來由地努力下去，這些細小的堅持、莫名的執拗和不曾減少的耐心會讓你從一堆美麗面具裡面脫穎而出，有了自己的靈魂。

尤其是「耐心」，這東西是有魔力的，狼有了它都能變成紳士，你又何愁不能變成女神？

高寶書版集團
gobooks.com.tw

高寶文學 094
抱歉愛情，我的存款比心動更重要
作　　者　老楊的貓頭鷹
主　　編　林子鈺
責任編輯　藍匀廷
封面設計　Dinner illustration
內頁設計　Dinner illustration
內頁排版　賴姵均
企　　劃　陳玟璇
版　　權　張莎凌

發 行 人　朱凱蕾
出　　版　英屬維京群島商高寶國際有限公司臺灣分公司
　　　　　Global Group Holdings, Ltd.
地　　址　臺北市內湖區洲子街 88 號 3 樓
網　　址　gobooks.com.tw
電　　話　(02) 27992788
電　　郵　readers@gobooks.com.tw（讀者服務部）
傳　　真　出版部 (02) 27990909　行銷部 (02) 27993088
郵政劃撥　19394552
戶　　名　英屬維京群島商高寶國際有限公司臺灣分公司
發　　行　英屬維京群島商高寶國際有限公司臺灣分公司
法律顧問　永然聯合法律事務所
初版日期　2025 年 07 月

原書名：姑娘，脱貧比脱單更重要
原改版書名：脱貧，比脱單更重要
本作品中文繁體版通過成都天鳶文化傳播有限公司代理，經瀋陽悅風文化傳播有限公司授予英屬維爾京群島商高寶國際有限公司臺灣分公司獨家發行，非經書面同意，不得以任何形式，任意重製轉載。

國家圖書館出版品預行編目 (CIP) 資料

抱歉愛情，我的存款比心動更重要 / 老楊的貓頭鷹著 . -- 初版 . -- 臺北市：英屬維京群島商高寶國際有限公司臺灣分公司，2025.07
面；　公分 . --（高寶文學；094）

ISBN 978-626-402-287-3(平裝)

1.CST: 人生哲學　2.CST: 自我實現　3.CST: 女性

191.9　　114007761